LES

CARAVANES D'ULYSSE,

VAUDEVILLE EN DEUX ACTES,

PAR MM. DE LÉRIS ET BELLEVUE,

Représenté pour la première fois, à Paris, sur le théâtre des Délassemens-
Comiques, le 2 septembre 1844.

50 CENTIMES.

PARIS.

Au BUREAU de *L'ECHO DES THEATRES*, rue d'Enghien, 10;

Chez l'ÉDITEUR du RÉPERTOIRE DRAMATIQUE ;
26, rue d'Enghien,

Et chez TRESSE, successeur de J.-N. BARBA, Palais-Royal.

1844.

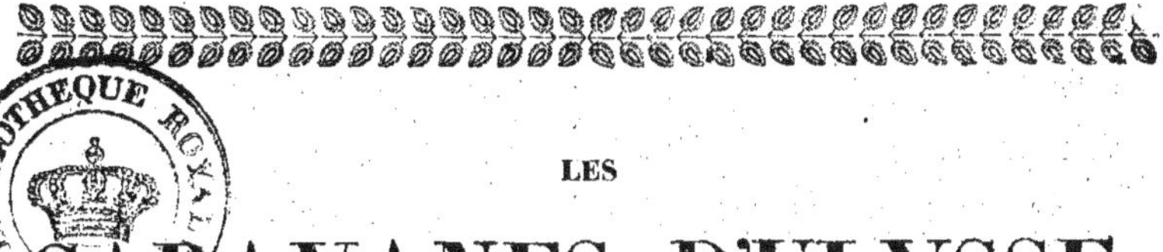

LES
CARAVANES D'ULYSSE,

VAUDEVILLE EN DEUX ACTES,

PAR MM. DE LÉRIS ET BELLEVUE,

Représenté pour la première fois, à Paris, sur le théâtre des Délassemen:-Comiques, le 2 septembre 1844.

Personnages.   *Acteurs.*

ULYSSE-ALCINDOR.................................... M. POIZARD.
PISTOLÈS .... M. OCTAVE.
KOUAK.. M. LÉON.
LODOISKA.. Mᵐᵉ ELÉONORE.
CLORINDE.. Mᵐᵉ BALAGNY.

La scène se passe à Paris, en 1844.

ACTE PREMIER.

Une mansarde. — Au fond, une large cheminée. — A droite du spectateur, au deuxième plan, une porte donnant sur le carré. — A gauche, deux portes, l'une, au premier plan, conduisant à une seconde pièce; l'autre, au second plan, ouvrant sur un couloir. — A droite, au premier plan, une fenêtre. *

SCÈNE I.

CLORINDE, puis, LODOISKA.

CLORINDE, entrant à gauche, premier plan.

Voilà le lit retapé, c'est suffisant pour un dimanche... quand j'aurai dansé quelques polkas à la *Grande-Chaumière.*.. Oh! j'ai de la polka plein les jambes!.. Mais voyez un peu si Ulysse viendra me prendre... avec sa prétendue répétition de droit... c'est connu... Il sera allé tuer le ver... et puis il va revenir ici avec un estomac creux... comme sa bourse... Heureusement, j'ai des œufs qui, j'espère, ne sont pas habités : la laitière m'en a donné sa parole. (Elle les présente au jour et regarde en même temps par la fenêtre.) Tiens! le petit de la fenêtre en face qui me fait encore des signes... Est-il tenace!.. depuis huit jours... Du tout, mon petit, du tout : clôture complète, défense d'entrer céans par la porte.

LODOÏSKA, entrant tout essoufflée à droite.
Ah!

(Elle tombe assise.)

CLORINDE.
Qu'est-ce que c'est? Lodoïska! que je n'ai pas vue depuis un an, et que je croyais à Alger.. d'où tombes-tu comme ça? Tu as l'air tout bouleversé?

LODOÏSKA.
Donne-moi un peu de fleur d'orange, ou un petit verre.

CLORINDE.
Je n'en ai pas pour le moment, mais si tu veux un cigare?..

LODOÏSKA, se levant.
Non, merci, ça va mieux... mais j'ai monté si vite...

CLORINDE.
Mes cent dix-sept échelons.

LODOÏSKA.
Ecoute... Non, il ne monte pas.

* Les acteurs sont placés comme ils doivent l'être, sur le théâtre. Le premier inscrit tient la gauche du spectateur.

CLORINDE.

Qui ?

LODOÏSKA.

Voici la chose : Figure-toi que depuis trois mois je suis tourmentée par un cauchemar, une espèce d'Anglais, qui ne cesse de croasser son amoureux martyre aux fenêtres du magasin. A peine suis-je assise, pan ! je vois sa face collée aux carreaux comme une estampe ; si je mets le pied sur le bitume, il y est...

CLORINDE.

Mais c'est donc un...

LODOÏSKA.

Juste ! des plus tourmentans... mais je suis bonne patirote, avant tout.

CLORINDE.

Et il n'est pas beau ?

LODOÏSKA.

Affreux ! Enfin, aujourd'hui, je me rendais du boulevart Bonne-Nouvelle sur la place du Panthéon, chez ma tante..

CLORINDE.

Cette bonne mère Galuchet qui m'a appris mon état de chemisière.. Elle va toujours bien?

LODOÏSKA.

Très bien, merci, elle a son rhumatisme. Ce vilainhomme osa m'accoster ici en bas.

CLORINDE.

Dans la rue de la Harpe, une rue morale !

LODOÏSKA.

J'allais crier...

CLORINDE.

Mais tu réfléchis.

LODOÏSKA.

Je reconnais cette maison; je me souviens que tu y demeures; je m'élance; il me poursuit.. mais il aura perdu mes traces dans l'escalier...

CLORINDE.

Qui est clair comme les Catacombes. Qu'il vienne ton English, il sera bien reçu! Nous prendrons notre revanche de Waterloo.

LODOÏSKA.

Je ne veux pas le voir, je me respecte trop; d'ailleurs, j'ai des engagemens...

CLORINDE.

Avec les Arabes?

LODOÏSKA.

Ah! ma chère, avec les Bédouins il n'y a rien à faire dans les chemises; ils n'en portent pas, les indécens ! C'est mieux, beaucoup mieux...

CLORINDE.

Tu me conteras tout cela. Tu vas déjeuner avec nous ?

LODOÏSKA.

Avec nous ! On te poursuit donc aussi ?

CLORINDE.

Ah! oui, un petit, très laid, comme le tien... quoiqu'il ne soit pas Anglais, mais,...

LODOÏSKA.

Est-ce que tu as aussi des engagemens ?..

CLORINDE.

Pour le bon motif! Un homme charmant, qui vient me voir tous les jours, et qui doit m'épouser à Pâques.

CLORINDE.

Alors, tu as le temps de me narrer ton histoire plus tard. Maintenant, il faut que je te quitte; mais je repasse dans une heure pour aller au Palais-Royal, et je te promets de monter.

CLORINDE.

Bien sûr ?

LODOÏSKA.

Parole! Quand on ne s'est pas vu depuis un an, on a tant de choses à se dire !

CLORINDE.

Alors, j'y compte. Je te montrerai mon Ulysse.

LODOÏSKA.

Ah! c'est....

CLORINDE.

Celui qui doit m'épouser !..

LODOÏSKA.

A la Trinité. Adieu, ou plutôt au revoir.

ENSEMBLE.

Air Nouveau.

A toi, ma chèr' je me fie,
Ton cœur, ici, je le vois,
Peut, de ton ancienne amie,
Reconnaître encor la voix.

LODOÏSKA, de la porte.

Ah! mon Dieu! j'entends des pas, serait-ce l'Anglais?

CLORINDE.

Ne crains rien, prends ce couloir. (Elle montre la gauche.) Il donne sur un autre escalier qui conduit rue Mâcon.

LODOÏSKA.

Tiens! c'est commode.

REPRISE ENSEMBLE.

A toi, ma chèr', je me fie, etc.

(Lodoïska sort par la gauche.)

SCÈNE II.

ULYSSE, CLORINDE.

CLORINDE.

Enfoncé le *goddam*! (Ulysse entre silencieusement, les bras croisés, et se promène d'un air sombre.) Ah! c'est Ulysse... Etions-nous bêtes!.. Eh bien! qu'est-ce qu'il a donc à se promener comme ça?.. Ulysse!..

ULYSSE, comme à lui-même.

Ah! c'est affreux!..

CLORINDE.

Quoi donc?

ULYSSE.

C'est affreux!

CLORINDE.

Hein?

ULYSSE, la regardant.

C'est affreux!

CLORINDE.

Malhonnête!

ULYSSE.

Ah! Clorinde, armez-vous de courage... j'ai un malheur atroce à vous annoncer...

CLORINDE.

Est-ce que nous ne pourrons pas aller à la *Chaumière* ce soir?..

ULYSSE.

Si ce n'était que ça!

CLORINDE.

On a défendu la polka?

ULYSSE.

Si ce n'était que ça!

CLORINDE.

On vous retire votre pension?

ULYSSE.

Si ce n'était que ça!

CLORINDE.

Mais quoi donc?

ULYSSE, lui donnant une lettre.

Tenez, lisez... Voilà ce que vient de me remettre ce portier de malheur!

CLORINDE, retournant la lettre en tous sens.

Mais vous savez bien que je ne sais pas...

ULYSSE.

Lisez toujours.

CLORINDE.

Puisque...

ULYSSE.

Ah! oui, c'est juste... la douleur m'égare... Eh bien! raidissez-vous, Clorinde, raidissez-vous!

CLORINDE.

Pourquoi faire?

ULYSSE.

Raidissez-vous contre le désespoir!

CLORINDE.

Qu'allez-vous donc m'apprendre?

ULYSSE.

Une chose, voyez-vous?.. ah! une chose... Mais il est des considérations auxquelles tout doit céder, l'amour lui-même.

CLORINDE.

Mais, enfin?..

ULYSSE.

Quand la mort est là,... quand un vieillard invoque votre présence... (Avec résolution.) Clorinde, je dois partir!

CLORINDE.

Vous me quittez?

ULYSSE.

Pas pour long-temps, je l'espère... Pourrais-je vivre sans ma Clorinde?.. Mais la reconnaissance veut que je m'éloigne pour un instant... Mon pauvre oncle!..

CLORINDE.

Il est malade?

ULYSSE.

Voilà ce que m'apprend cette fatale lettre!.. Je le vois d'ici qui me tend ses bras amaigris... Sa voix affaiblie m'appelle, il veut me laisser sa bénédiction.

CLORINDE.

Bah!

ULYSSE.

Et tout son bien.

CLORINDE.

Oh! partez... il faut aimer, respecter ses parens... Mais êtes-vous bien sûr que ce soit aussi pressé?

ULYSSE.

Au point que je ne puis perdre un moment... Le temps d'aller prendre ma malle chez moi, et je file!

CLORINDE.

Sans moi!.. Oh! je veux du moins vous voir le plus long-temps possible... Je vous conduirai au chemin de fer.

ULYSSE.

Non pas!.. Evitons des adieux déchirans.

CLORINDE.

Je le veux!

ULYSSE, à part.

Diable!

CLORINDE.

Ne serons-nous pas assez long-temps séparés? Ah! vous m'oublierez.

ULYSSE.

Jamais!.. Je reviendrai.

CLORINDE.

Pour me donner le doux titre d'épouse?

ULYSSE.

Parbleu! il n'y a que cette pensée qui puisse adoucir une séparation aussi cruelle!

CLORINDE.

Ah! oui,

Pourquoi, seule, avec mes regrets,
Ne puis-je, toute à ma souffrance,
Sous les ormeaux, sous les cyprès,
Loin d'ici pleurer ton absence?

ULYSSE.

Puisqu'à ma tristesse, en effet,
Ton cœur aujourd'hui se conforme;
Je t'approuve, suis ton projet,
Et va-t'en m'attendre sous l'orme.

CLORINDE.

Je n'ai pas bien compris.

ULYSSE.

Comme une Pénélope qui attend son mari fidèle, son Ulysse constant, sincère, qui ne l'oubliera jamais!

CLORINDE.

A la bonne heure!

ULYSSE.

Cette sympathie m'est précieuse; j'ai besoin de prendre des forces pour lutter contre le chagrin.

CLORINDE.

Justement, j'allais faire une omelette... Allumez le fourneau.

ULYSSE.

Le fourneau... Ça me fait penser au chemin de fer, où il faut que j'aille retenir ma place.

CLORINDE.

Déjà !.. Oh ! j'en mourrai !.. Je vais toujours faire l'omelette.

ULYSSE.

Le chagrin, dit-on, soutient la femme... Mettez-y un peu de lard.

CLORINDE, pleurant. *

Et je prendrai du saucisson, ça fortifie... Mais ne restez pas long-temps dehors.

ULYSSE.

Vous savez que je suis un cerf... pour les jambes... pour les jambes !

Air de Lucie.

Adieu, car il faut cependant,
Quand le chagrin m'accable,
Il faut braver en ce moment
Un sort inexorable !
Ah! d'un triple acier, loin de moi,
Que ton cœur s'enveloppe !
Mais, c'est peu des jours... souviens-toi
Des nuits de Pénélope !

REPRISE ENSEMBLE.

(Ulysse sort par le fond.)

SCÈNE III.

CLORINDE, PISTOLÈS.

CLORINDE, seule.

Partir !.. si vite... avant d'aller danser la polka !.. Ah ! c'est un coup de foudre !.. Après ça, c'est pour un mois tout au plus... et un motif qui n'est pas à dédaigner... Je suivrai l'exemple qu'il m'indique... comme Pénélope, je ferai mes chemises le jour, e je les déferai la nuit... Cependant, n'oublions pas l'omelette... (Elle allume son fourneau dans la cheminée.) Mais j'aurai de la peine à digérer cela... Dieu! ce beurre a un parfum d'Isigny... (Elle place la poêle.) Tiens! qu'est-ce que j'entends donc dans la cheminée? Aurais-je mis le feu?..

(Pistolès tombe avec bruit au milieu de l'âtre.)

CLORINDE.

Ah ! mon Dieu !..

PISTOLÈS, en scène.

Peut-on entrer ?

CLORINDE.

Au voleur !

PISTOLÈS.

J'ai cru que vous alliez me mettre le feu aux mollets.

CLORINDE.

Au voleur ! au voleur !

PISTOLÈS.

Eh bien ! vous ne me reconnaissez donc pas?

* Clorinde, Ulysse.

CLORINDE.

Mais non, Monsieur... Qui êtes-vous pour vous introduire de cette façon ?

PISTOLÈS, s'essuyant.

Attendez... vous allez contempler mon physique... On ne ramonne pas souvent les cheminées, dans votre maison.

CLORINDE, le reconnaissant.

Mon soupirant !

PISTOLÈS.

D'en face, oui... Deux carreaux en papier et un rideau jaune... Vous avez entendu mes soupirs ?

CLORINDE.

Je crois bien, ils feraient tourner un moulin à vent... Mais je vous avais défendu...

PISTOLÈS.

D'entrer par la porte... Alors j'ai choisi un autre conduit.

CLORINDE.

Et où espérez-vous arriver par ce conduit?

PISTOLÈS.

Au bonheur de vous dire deux simples mots.

CLORINDE.

Dites vite, et partez !.. Ce n'est pas que j'aie peur de vous, mais vous pourriez me compromettre.

PISTOLÈS.

Vous me flattez; mais vous êtes demoiselle, et, par conséquent, libre de vos actions.

CLORINDE.

Monsieur, on est demoiselle, et on n'est pas libre... D'ailleurs, je ne vous connais pas.

PISTOLÈS.

Je me nomme Pistolès.

CLORINDE.

Un nom gascon !

PISTOLÈS.

Oui, mais je suis simple et timide.

CLORINDE.

On s'en aperçoit aisément.

PISTOLÈS.

Quoique né sous le brûlant climat du Midi, j'ai des goûts paisibles, une âme tendre et des appointemens réguliers... 83 fr. 33 c. par mois, une place au chemin de fer... De plus, un physique aimable, du linge, un cœur imbu d'amour. Voilà ce que je possède et que je mets à vos pieds.

CLORINDE.

Vous êtes bien honnête, mais je ne le ramasserai pas.

PISTOLÈS.

Vous avez tort ; on ne trouve pas des hommes comme moi, tous les jours, qui disent tout ce qu'ils pensent, et qui pensent tout ce qu'ils disent... l'espèce en est rare.

CLORINDE.

J'en retiens de la graine, mais pour le quart d'heure...

PISTOLÈS.

Arrêtez !

Ais du *Fleuve de la vie.*

Du ménag', le goûL me captive,
 Et je puis dir' qu'en fait d'amour,
 Mon cœur est un' locomotive
 Qui n'arrête ni nuit ni jour.
 Chez nous, à l'abri de l'envie,
 Grâce au ch'min d' fer qui me nourrit,
 Nos jours s'écouleraient sans bruit
  Sur les rails de la vie!

CLORINDE.

Apprenez, Monsieur, qu'il est des femmes
fidèles dans l'arrondissement... dont je suis;
je repousse du pied votre main, et je vous re-
mets à votre place. Et puis, tenez, vous choisissez mal votre moment; quand une femme est
dans la tristesse, quand celui qu'elle aime s'é-
loigne...

PISTOLÈS.

Bah!

CLORINDE.

Oui, Monsieur, pour assister aux derniers momens de son oncle. C'est moral, il n'y a rien à
dire.

PISTOLÈS, riant.

Ah! charmant!

CLORINDE.

Comment, Monsieur!

PISTOLÈS.

Oh! non, pardon! je disais : Ah! charmant!
C'est une idée à moi, ça me rappelle une aventure... Mais, raison de plus, ne me repoussez
pas, ou je me porte à des excès; je sens ger-
mer dans mon âme la pensée du suicide; je
voudrais m'asphyxier à vos pieds.

(Il tombe à genoux.)

SCÈNE IV.

LES MÊMES, KOUAK.

(Kouak est entré doucement au fond, et s'arrête en
les voyant.)

KOUAK. *

Oh! cette petite il être très bien ainsi.

PISTOLÈS, se relevant.

Qu'est-ce que c'est?

KOUAK.

Oh! yes, veryweel, veryweel.

CLORINDE, à part.

L'Anglais de Lodoïska, sans doute!

PISTOLÈS, à part.

Est-ce que j'aurais pour rival un magot d'ou-
tre-Manche?

CLORINDE.

Voulez-vous me dire, Monsieur, ce que vous
demandez ici?

* Clorinde, Kouak, Pistolès.

KOUAK.

Oh! yes, jé étais lord Kouak.

PISTOLÈS.

C'est un nom de corbeau, ça.

KOUAK.

Yes, de corps très beau... (A Clorinde.) Jé
attendais un jeune miss fort bien agréable, ce
être pas vous.

CLORINDE.

Comment!

KOUAK.

No... jé promenais moi à la porte, dans le rue,
mais né voyant pas descendre elle, je décidai
moi à monter. Jé avais frappé à toutes les portes, mais les Français de cette maison il être
pas polis du tout... il avoir poussé la porte sur
le nez à moi.

PISTOLÈS.

Ah! bravo!

KOUAK.

No... pas bravo... Vous être un malhonnête!

PISTOLÈS.

Dites donc!..

CLORINDE, se jetant au milieu.

Messieurs!..

PISTOLÈS.

Vilain Chinois!..

KOUAK.

Moi, Anglais, pas Chinois. Moi, le vainqueur
de le Chinois... et je montrerai à vous.

CLORINDE.

Un duel!

KOUAK, prenant une pose de boxe.

Voilà le arme à moi.

PISTOLÈS, prenant une pose de chausson.

Ah! vraiment... attends!

CLORINDE.

Chez moi, y pensez-vous?.. M. Pistolès, je
vous en prie, pas d'esclandre, allez-vous-en!

PISTOLÈS.

Fuir devant l'étranger... jamais!

CLORINDE.

Milord, soyez plus raisonnable. vous avez des
cheveux gris.

KOUAK.

Oh! no, no, jé avais fait épiler le tête à moi.

CLORINDE.

Lodoïska n'est pas ici.

KOUAK.

Ah! oh! vous savez?..

PISTOLÈS, à part.

Lodoïska!.. Qu'est-ce que c'est que cette Po-
lonaise-là?..

KOUAK.

Elle être pas venue ici?

CLORINDE.

Si, mais elle est partie.... (Mouvement de
Kouak.) par la rue Mâcon... pendant que vous
attendiez rue de la Harpe.

* Kouak, Clorinde, Pistolès.

KOUAK.

Oh! ce être pas gentil du tout!

PISTOLÈS.

Enfoncé l'insulaire!

CLORINDE.

Et vous comprenez que si l'on vous trouvait chez moi, on pourrait croire...

PISTOLÈS, au fond.

Justement on monte.

CLORINDE.

C'est Ulysse!

KOUAK, à part.

Ce était un grand voyageur, Ulysse!

PISTOLÈS.

Qui ça, Ulysse?.. Ah! oui, très bien, je comprends, c'est lui...

CLORINDE.

Partez tous deux!.. (Kouak se dirige vers la droite.) Non pas par ici, par là, l'autre escalier.

KOUAK.

Par où le petite il est sortie... Oh! yes. (A part.) Je saurai si on trompe moi.

PISTOLÈS.

Moi, je regagne ma chambre.

CLORINDE.

Il vous verrait sur le carré.

PISTOLÈS, courant vers le couloir où l'Anglais est déjà entré à demi.

Alors, filons!

KOUAK.

Yes, filons!.. (Il referme vivement la porte au nez de Pistolès, et crie.) Oh! bravo!

PISTOLÈS.

Animal!..

<hr>

SCÈNE V.

PISTOLÈS, CLORINDE, ULYSSE.

ULYSSE, entrant.

Qu'est-ce que c'est?

PISTOLÈS, à part.

Je suis bloqué!

ULYSSE, à part.

Un quidam, déjà!

CLORINDE.

Mon ami, je...

ULYSSE, allant à Pistolès et le faisant retourner.*

Pistolès!

PISTOLÈS.

Bonnafous!..

CLORINDE, à part.

Ils se connaissent!

ULYSSE.

Que ne parlais-tu tout de suite?

PISTOLÈS.

Comment, Ulysse, c'est...

ULYSSE, bas.

Tais-toi donc!

* Pistolès, Ulysse, Clorinde.

CLORINDE.

Hein?.. (A part.) Qu'est-ce qu'ils se disent?

ULYSSE, à part.

Pourvu qu'il n'aille pas me trahir... (Haut.) Ah ça! mon gaillard, tu voulais donc me faire une surprise, car je ne suppose pas...

PISTOLÈS.

Fi donc!

CLORINDE.

Pourriez-vous croire?..

ULYSSE.

Jamais!.. Ce cher Pistolès, un compatriote...

PISTOLÈS.

Un camarade de collège d'Aix en Provence.

ULYSSE, à Clorinde.

Et je vous en rapporterai des olives toutes fraîches. (Bas, à Pistolès.) Il faut que je te parle; tu peux me rendre un grand service.

CLORINDE, s'avançant.

Plaît-il?

ULYSSE.

Rien, rien, ma chère amie, je me félicitais...

CLORINDE, à part.

Ils chuchotent bien tous deux!

PISTOLÈS.

Quel heureux hasard, hein?.. Moi qui suis le voisin de Madame depuis huit jours.

ULYSSE.

Bah!

PISTOLÈS.

Mon Dieu! oui, la fenêtre en face... Deux carreaux en papier et un rideau jaune. Mais je vais à mon bureau de si bonne heure; c'est aujourd'hui dimanche, et j'ai congé... Ce matin seulement, j'ai appris que tu la connaissais, et je me suis hâté de venir.

ULYSSE, à part.

En mon absence! (Haut.) Voyez-vous!.. Quelle fatalité! Quand moi-même je suis sur le point de partir.

PISTOLÈS.

Tu pars, cher ami!

ULYSSE.

C'est fâcheux, n'est-ce pas?

PISTOLÈS.

Quand moi j'arrive du pays.

ULYSSE.

Quelle antithèse!

CLORINDE.

Alors, Monsieur pourra vous donner des nouvelles de votre oncle.

PISTOLÈS.

Mais certainement, je...

ULYSSE.

Silence, ami, ne retourne pas le poignard dans la blessure. A ton départ déjà il devait être bien mal?

PISTOLÈS.

Ton oncle?

ULYSSE.

Sans doute! (A part.) Est-il cantaloup, ce melon-là!

PISTOLÈS, à part.

Ah! oui, ah! oui! au fait!.. il a conservé son ancien goût pour l'école buissonnière. (Haut.) Farceur, va, farceur !

(Il lui fait signe à son tour.)

CLORINDE, à part.

Ils manigancent quelque chose.

PISTOLÈS.

Ah! oui... Il était bien bas, ce pauvre père Bonnafous !

ULYSSE.

Ah! oui, et ne mérite-t-il pas tous les sacrifices ? C'est bien le meilleur des hommes...

PISTOLÈS.

Et le premier des épiciers de la ville.

CLORINDE.

Épicier ! Vous me disiez banquier.

ULYSSE.

Sans doute, sans doute... c'est la bonne qui tient le magasin. Mais il ne s'agit pas de discuter sur mon blason, l'heure me presse, et le déjeuner se fait attendre. Vous m'aviez promis du jambon et une omelette.

CLORINDE.

Un accident que je n'avais pu prévoir a renversé la poêle, et je n'ai plus de beurre.

PISTOLÈS, à part.

C'est moi qui suis l'accident !

ULYSSE.

Vous la ferez aux fines herbes; vous sentez bien que quand on retrouve un ami...

PISTOLÈS.

Oh! je ne veux pas te gêner.

ULYSSE.

Reste donc! (Bas.) Imbécille, c'est pour la faire filer !

CLORINDE, à part.

Tu me pousses des craques, toi, mon gaillard !

ULYSSE.

Eh bien ?

CLORINDE.

Voilà, mon ami, je vais aux provisions. (A part.) Mais je te repincerai.

ENSEMBLE.

Air de l'Amour à l'aveuglette.

Reviens en diligence,
Nos cœurs impatiens,
Ici, de ton absence,
Compteront les instans.

CLORINDE.

Je r'viens en diligence;
Vos cœurs impatiens,
Ici, de mon absence,
Compteront les instans.

(Elle sort à droite.)

SCÈNE VI.

ULYSSE, PISTOLÈS.

ULYSSE, la reconduisant.

Va, ma bien-aimée! (Fermant la porte.) A la fin, la voilà partie !

PISTOLÈS.

Ah çà ! tu te nommes donc Ulysse, toi ?

ULYSSE.

Depuis neuf mois, oui.

PISTOLÈS.

Tu t'es fait rebaptiser ?

ULYSSE.

A la *Chaumière*. Voilà pourquoi tu ne l'attendais pas à trouver une figure de connaissance chez Clorinde... Je ne veux pas te chicaner là-dessus, passons.

PISTOLÈS.

Oh ! maintenant que je sais...

ULYSSE.

Très bien, c'est connu.

PISTOLÈS.

Entre amis...

ULYSSE.

C'est ce que je dis.

PISTOLÈS, à part.

Il n'est pas méchant ! (Haut.) Tu disais que depuis neuf mois...

ULYSSE.

Je me suis décoré du nom d'Ulysse, à cause de mes fréquentes migrations.

PISTOLÈS.

Oui, oui, tu voyages ?

ULYSSE.

Sans cesse... comme le Juif errant... du quartier des étudians à celui des lorettes, du pays boisé des Invalides au désert du Marais... suivant les variations de l'atmosphère.

PISTOLÈS.

Comme il y a trois ans là-bas?

ULYSSE.

Précisément.

PISTOLÈS.

Et ton oncle ?

ULYSSE.

Tu y es.

PISTOLÈS.

Se meurt à chaque changement de domicile.

ULYSSE.

Juste ! Ca fait sept fois depuis trois ans, ce n'est pas trop... et aujourd'hui...

PISTOLÈS.

Tu pars pour la Chaussée-d'Antin ou autre chaussée.

ULYSSE.

C'est vrai ! Vois-tu? c'est un petit système que je me suis fait à moi ; j'ai le cœur infiniment sensible, je redoute les pleurs, les douleurs, les clameurs, les vapeurs, les grincemens de dents, les gémissemens, les déchiremens, les aboiemens et tout le tremblement... Aussi, quand la lune de miel devient rousse, c'est-à-dire quand on reste cruelle et qu'on qu'on veut m'attacher avec l'écharpe de M. le maire, je prétexte un voyage filial, moral et patriarchal.

PISTOLÈS.

De sorte qu'aujourd'hui ta lune...

ULYSSE.

Hélas ! elle a duré ce que durent les lunes , l'espace d'un quartier!.. Aussi, je vais en habiter un autre, et ce soir un astre nouveau répandra sur mon front ses rayons argentés. Dans une heure je ne serai plus Ulysse, mais bien Alcindor.

PISTOLÈS.

Et Clorinde... que deviendra-t-elle ?

ULYSSE.

Ce que deviennent les vieilles lunes. Tu peux la consoler de mon absence prolongée; mais au moins ne me trahis pas.

PISTOLÈS.

Ah ! je crois bien.

ULYSSE.

Tu comprends : il est bon de se tenir sur ses gardes avec certaines personnes du sexe. D'abord, il faut que tu me rendes un service.

PISTOLÈS.

Je n'ai pas de monnaie.

ULYSSE.

Ce n'est pas ça : Clorinde veut me reconduire, tâche de lui faire entendre qu'il serait beaucoup plus convenable pour elle de rester ici, où elle pourrait donner un libre cours à ses pleurs, sans craindre d'être dérangée.

PISTOLÈS.

Oui, oui, sans doute. (Déclamant.) Ainsi elle ne serait pas exposée à donner sa douleur en spectacle à une foule d'indifférens... et puis, les convenances, les mœurs, la morale, etc., etc.

ULYSSE.

Très bien ! Je l'entends crier dans la cour, c'est sa manière de causer. Le serin gazouille, l'âne brait, le lièvre clapit, le taureau beugle, Clorinde crie. Appuie-moi.

PISTOLÈS, à la fenêtre.

Elle n'est pas seule !

ULYSSE, regardant à la fenêtre.

Ah! mon Dieu ! (A part.) Lodoïska!.. Elles se connaissent; je suis refait.

PISTOLÈS.

Qu'est-ce donc ?.. Tu parais tout... tout chose...

ULYSSE.

Rien, rien ; je pense que tu la persuaderais mieux si tu étais seul, je me trahirais peut-être.

PISTOLÈS.

Eh bien ! entre un instant chez moi, la porte en face après avoir traversé le corridor. Je lui dirai que tu as été forcé de sortir, et je lui glisserai le compliment.

ULYSSE, à part.

Je pourrai épier la sortie de Lodoïska. (Haut.) Très bien, mon ami, très bien, tu es mon sauveur, merci.

PISTOLÈS.

Voici ma clé.

Pistolès, Ulysse.

ULYSSE, ouvrant la porte.

Elles sont encore au bas de l'escalier, j'ai le temps. Pistolès, sois éloquent!

(Il sort.)

SCÈNE VII.

PISTOLÈS; puis , LODOISKA, GLORINDE, KOUAK, un instant.

PISTOLÈS, seul.

Eh bien ! en voilà une rouerie ! Quel diplomate en amour ! Si jamais il vient à perdre son oncle... ce qui peut lui arriver un jour... on ne sait pas... il n'aurait plus de larmes pour le pleurer... il l'a pleuré tant de fois !

KOUAK, entr'ouvrant la porte du deuxième escalier.

Encore ce petite !

(Il referme.)

PISTOLÈS.

Une idée ! Si je déclarais tout à Clorinde ?.. Oh ! non, ce ne serait pas délicat... et puis elle empêcherait peut-être sa fugue... il vaut mieux attendre... Les voilà. Diable ! devant une autre personne, pourrais-je plaider comme je l'ai promis à Bonnafous ?

(Elles entrent; il se tient à l'écart. Clorinde dépose ses provisions.)

LODOISKA *

Comment! ma chère, voilà ce qui te rend si triste, un homme qui part ?

CLORINDE.

Tu vas le voir et me juger... Où est donc Ulysse ? (Voyant Pistolès.) Ah !

LODOISKA, à Clorinde.

Est-ce que c'est ça ?

CLORINDE, bas.

Non, c'est le petit qui m'embête !

PISTOLÈS, à part.

Elle parle de moi !

CLORINDE.

Vous êtes donc seul ici ?

PISTOLÈS.

Oui, Ulysse s'est rappelé quelques visites indispensables; il ne tardera pas à rentrer.

LODOISKA.

Monsieur est un de ses amis?

PISTOLÈS.

Oui, j'ai été pendant mon enfance un des compagnons d'Ulysse.

LODOISKA.

Et vous restez. (A Clorinde.) Tiens, tiens, ah bah! Au fait, sèche tes larmes. Vois-tu? un homme qui part a toujours quelque motif qu'il ne nous dit pas.

CLORINDE.

Cependant, quand il y a force majeure ?

LODOISKA.

Jamais.

PISTOLÈS.

Oh ! oh !

* Lodoïska, Clorinde, Pistolès.

LODOISKA.

Jamai !

CLORINDE.

Celui dont tu me parlais ne te quitterait donc sous aucun prétexte.

LODOISKA.

Lui !.. oh !.. mais, pardon... je te parlerai de cela... plus tard.

PISTOLÈS.

Ah ! oui, je comprends... je suis toujours heureux de faire plaisir aux dames, je m'en vais.

LODOISKA, bas, à Clorinde.

Il a de bons momens.

CLORINDE, de même.

Mais oui, je crois qu'il serait facile à mener.

PISTOLÈS, à part.

Ma foi, Bonnafous attendra. Quand elle sera seule, je reviendrai.

ENSEMBLE.

Air de l'Amour à l'aveuglette.

Je pars à vos ordres fidèle,
Partez à nos ordres fidèle,
Je vous obéis dès ce jour,
Obéissez-nous dès ce jour,
Mais vous reconnaîtrez mon zèle,
Nous reconnaîtrons votre zèle,
En autorisant mon retour.
En permettant votre retour.

(Pistoclès sort au fond.)

SCÈNE VIII.

CLORINDE, KOUAK, LODOISKA.

LODOISKA.

Dieu merci, le serin est envolé, nous pouvons jaser à notre aise.

KOUAK, entrant à gauche.

Eh ! eh ! eh ! eh ! eh !

LODOISKA.

L'Anglais !.. Ah ! Clorinde, tu m'as trompée !

CLORINDE.

Moi, du tout ! (A Kouak.) Comment ! insulaire, vous n'êtes pas parti ?

KOUAK.

No... mais le petit miss Clorinde il être bien innocente, jé avais mis elle dedans en mettant moi dehors... Eh ! eh ! eh ! jé étais très fine.

CLORINDE.

Vous vous êtes caché, Monsieur ?

KOUAK.

Yes, pour ne pas être vu.

LODOISKA.

Vous avez volé ça à Jocrisse, mon cher.

KOUAK.

Je connaître pas M. Jocrisse, jé avoir trouvé ça à moi tout seul, et derrière ce porte je avais entendu des choses que le Ulysse à vous il disait à l'autre petite... Il être deux scélérats qui trompent vous.

LODOISKA.

Ah bah !

KOUAK.

Le compagnon d'Ulysse il être un cochon... et l'autre aussi.

CLORINDE.*

Ils me trompent !.. En effet, j'avais bien remarqué tout à l'heure qu'ils chuchotaient sous cape.. Mais je veux en avoir la preuve; expliquez-vous.

KOUAK.

Oh ! no... ce être le secret à moi, mais je dirai tout à vous si le petite Lodoïska il veut écouter moi.

LODOISKA.

Ah bien ! par exemple, un secret à ce prix-là, c'est trop cher.

CLORINDE.

Comment ! vous mettez des conditions ?

KOUAK.

Yes, jé donner rien pour rien... ce être le coutume anglais.

LODOISKA.

Je m'en moque pas mal.

CLORINDE.

Oh ! mon amie, pense donc que mon repos en dépend.

KOUAK.

Yes, le amitié d'abord... et puis j'ai une proposition à faire qui doit contenter vos estomacs. Jé offre à vous une petite déjeuner de foie gras, avec le champagne.

CLORINDE.

Et vous me direz tout ?

KOUAK.

Yes.

CLORINDE.

Nous acceptons.

LODOISKA.

Mais non.

CLORINDE.

Par amitié.

LODOISDA, à part.

Plus souvent ! quand Alcindor m'attend.

KOUAK.

Oh ! dites yes... avec des truffes.

CLORINDE, à Lodoïska.

Pour moi !

LODOISKA.

Eh bien ! je consens. Allez, l'English, allez chercher votre terrine.

KOUAK.

Ah ! tout de suite.

LODOISKA, à part.

Et si tu me retrouves... (Haut.) Allez, allez.

ENSEMBLE.

Air : Quadrille d'Austerlitz.

KOUAK.

Je pars à l'instant,
Puisqu'on m'attend.
Je reviens vite,
Qu'en son cœur

* Clorinde, Kouak, Lodoïska.

Mon ardeur
Plaide en ma faveur,
Si l'empressement,
Dans un amant,
Est un mérite,
Je veux, pour vous fléchir,
Savoir obéir.

LODOISKA et CLORINDE.

Partez à l'instant,
On vous attend,
Revenez vite.
Qu'en son cœur
     mon
Cette ardeur
Plaide en votr' faveur.
Si l'empressement,
Dans un amant,
Est un mérite,
Il faut, pour nous fléchir,
Savoir obéir.

KOUAK.

Ne craignez pas,
Je reviens, sans attendre,
A vos appas,
Offrir cœur tendre
Et foi' gras.

REPRISE ENSEMBLE,

(Kouak sort à droite.)

SCÈNE IX.

LODOISKA, CLORINDE.

CLORINDE.

Merci, ma bonne Lodoïska, merci, de te sacrifier pour moi !

LODOISKA, à part.

Compte là-dessus. (Haut.) Ne suis-je pas trop heureuse? Est-ce qu'entre camarades on ne se doit pas de ces petites complaisances-là ?

CLORINDE.

Trompée, trompée par Ulysse ! Qu'a-t-il voulu dire ?

LODOISKA.

Ça me semble clair.

CLORINDE.

Ah! les hommes, ils sont tous de même; c'est un tas de bédouins...

LODOISKA.

Il y a des exceptions.

CLORINDE.

Pas une ! Est-ce que tu aurais la folie de compter sur cet Alcindor dont tu parlais tout à l'heure?

LODOISKA.

Il m'aime.

CLORINDE.

Ah, ouiche!

LODOISKA.

Et pour le bon motif, celui-là.

CLORINDE.

Il est toujours bon pour eux.

LODOISKA.

Oh! c'est un homme comme il faut, fils de banquier, ma chère.

CLORINDE.

Ou d'épicier. Dieu! que le temps marche vite... Dix heures et demie.

LODOISKA.

Où vois-tu ça ?

CLORINDE.

Le soleil effleure les bouquets de la voisine d'en face...

LODOISKA.

Ah! oui, j'ai une montre pareille. (A part.) Et Alcindor qui m'attend au Palais-Royal à onze heures. (Haut.) Ma bonne amie, tu sais que j'avais affaire, mais je me consacre entièrement à toi, je vais aller dire qu'on ne m'attende pas, et je reviens.

CLORINDE.

Ah ça! mais pas de farce !

LODOISKA.

Fi donc ! L'amitié et un pâté de foie gras... On ne trahit pas ces choses-là.

CLORINDE.

J'enverrais l'Anglais chez ta tante.

LODOISKA.

Chez ma tante ! (A part.) Je ne lui donnerai pas mon adresse, et pour plus de sûreté je consigne l'English en bas, chez le portier (Haut.) Au revoir !

CLORINDE.

Mais bientôt ?

LODOISKA.

Cinq minutes.

Air : Valse de Giselle

De revenir aussitôt je m'empresse,
Et tu le vois, ma chère, en ce moment,
De ce mylord j'affronte la tendresse,
Pour l'amitié, juge mon dévouement.

CLORINDE.

Je ne veux pas ici te compromettre,
Mais déjeuner n'engag' pas au-delà,
En fait d'amour, il faut toujours promettre,
On file ensuit'...

LODOISKA, à part.

Je commence par là !

REPRISE ENSEMBLE.

(Lodoïska sort à droite. Pistoles entre presque immédiatement.)

SCÈNE X.

CLORINDE, puis, PISTOLÈS.

CLORINDE, seule.

Oh, je saurai tout, et s'il me trompe!..

PISTOLÈS, entrant, à part.

Elle est seule, enfin!

CLORINDE.

Ah! vous voilà, vous! Arrivez ici tout de suite.

PISTOLÈS.

Quel bonheur!

CLORINDE.

Expliquez-vous vivement, je veux tout entendre, tout savoir.

PISTOLÈS.

Tout ?

(Déclamant.)

L'amour le plus ardent me transporte et m'en-
(flamme,
Mon cœur d'homme a besoin de votre cœur de
(femme.

CLORINDE.

Il s'agit bien de ça! Vous êtes un galopin.

PISTOLÈS.

Mais...

CLORINDE.

Où est Ulysse? Que vous a-t-il dit? Que fait-il? Répondez.

PISTOLÈS.

Mais...

CLORINDE.

Il m'abuse, je le sais, et vous êtes son complice.

PISTOLÈS, à part.

Ah! mon Dieu!.. (Haut.) Mais j'ignore entièrement, je ne comprends pas...

CLORINDE.

L'Anglais m'a tout dit; il écoutait derrière cette porte.

PISTOLÈS, à part.

Oh! enfant maudit de la perfide Albion! (Haut.) Il vous a dit?..

CLORINDE,

Oui, mais, c'est égal, je veux l'entendre encore.

PISTOLÈS, à part.

Elle ne sait rien.

CLORINDE.

Eh bien?

PISTOLÈS.

C'est faux!

CLORINDE.

Quoi?

PISTOLÈS,

Ce que vous voulez dire.

CLORINDE.

Prenez garde, vous ne rentrerez jamais chez moi.

PISTOLÈS.

Ai-je bien entendu?

CLORINDE.

Et si vous parlez...

PISTOLÈS.

Oh! achevez, de grâce!

CLORINDE.

J'attends.

PISTOLÈS, à part.

Au fait, puisqu'il ne l'aime plus...

CLORINDE.

Il me trompe donc?

PISTOLÈS.

Eh bien! oui.

CLORINDE.

Oh!

PISTOLÈS.

Il m'avait même chargé de vous conseiller de ne pas le reconduire.

CLORINDE.

Pourquoi?

PISTOLÈS.

Vous ne savez donc rien?

CLORINDE.

Eh bien! non; mais l'Anglais me le dira, il me l'a promis, et je lui en saurai gré, je...

PISTOLÈS.

Arrêtez! (A part.) Animal d'Anglais, va!

CLORINDE.

Ainsi donc, Ulysse?..

PISTOLÈS.

Ne part pas.

CLORINDE.

Il reste avec moi?

PISTOLÈS.

Non, il ne part pas pour Aix.

CLORINDE.

Mais, cependant son oncle?

PISTOLÈS.

Se porte comme un charme! C'est la septième fois qu'il le tue.

CLORINDE.

Assassin!.. Je comprends maintenant; mais, non, ce n'est pas possible, vous me trompez. Sortez d'ici!

PISTOLÈS.

Par exemple! Puisqu'il ne veut pas que vous alliez au chemin de fer...

CLORINDE.

Sous le prétexte de m'éviter des larmes; mais j'irai.

PISTOLÈS.

J'allais vous le conseiller; et s'il ne part pas...

CLORINDE.

Je ne vous revois de ma vie.

PISTOLÈS, à part.

Encore!.. Brigand d'Anglais, va! (Haut.) Je ne vous demande qu'une chose : dissimulez. Il va venir, et s'il vous voit instruite...

CLORINDE,

Il se cachera, c'est vrai!.. Je tâcherai, je pleurerai de rage, il s'y trompera.

(Kouak entre à gauche, chargé de provisions.)

SCÈNE XI.

LES MÊMES, KOUAK.

KOUAK.

Ouf! Me voici avec le champagne!

PISTOLÈS, à part.

Encore lui!.. Qui m'a jeté dans ce guêpier?

KOUAK.

Lé portier il était un bête qui n'avait pas voulu laisser passer moi.

CLORINDE.

Le portier!.. Est-ce que Lodoïska?.. Tout le monde me trompe donc, aujourd'hui?

KOUAK.

Mais je me souvenais de l'escalier... voié.

PISTOLÈS.

Et milord apporte à déjeuner?

KOUAK.

Pour le petite Lodoïska... Où donc elle est?

PISTOLÈS, à part.

Ah! gueux, attends un peu. (Il s'approche de la fenêtre.)

KOUAK, à Clorinde.

Et je dirai à vous le secret de lé Ulysse.

CLORINDE.

Vous m'embêtez!

PISTOLÈS, qui a fait signe par la fenêtre.

Voici Ulysse!

CLORINDE.

Je vais m'expliquer avec lui.

PISTOLÈS.

Partez, Goddam!

KOUAK.

Mais lé petit Lodoïska?

PISTOLÈS.

Elle vous attend!

KOUAK.

Ah! où?

PISTOLÈS.

Là! (Il le pousse dans la chambre à gauche, premier plan, et l'enferme.) A ton tour. (A Clorinde.) Et maintenant...

CLORINDE.

Ne craignez rien!

PISTOLÈS, à part.

Elle finira par se consoler, et...

●●

SCÈNE XII.

CLORINDE, ULYSSE, PISTOLÈS.

ULYSSE, bas, à Pistolès.

Eh bien?

PISTOLÈS, à Ulysse.

C'est fait!

CLORINDE, bas, à part.

Oh! si je me croyais!

ULYSSE.

Allons, cher trésor, résignons-nous, il faut partir.

CLORINDE.

Déjà?

ULYSSE.

Voici l'heure!

CLORINDE.

Et tu me dis ça avec un sang-froid!..

ULYSSE.

Les grandes douleurs sont muettes.

PISTOLÈS, à part.

Comme la sienne devrait être bavarde!

CLORINDE, à part.

On en met au bagne tous les jours qui ne le méritent pas tant! (Haut.) Tu ne peux pas attendre un petit quart d'heure?

ULYSSE.

Non... le temps inexorable me presse... mais mon cœur lui résistera.

Air du Tambour-Major.

Je pars, mais, je le jure ici,
Mon cœur fidèle,
Toujours à toi, comme aujourd'hui,
Sera, ma belle.

PISTOLÈS, parlé.

Autant qu'aujourd'hui? Ah! c'est trop!

ULYSSE.

Non!

CLORINDE.

Avec le tien, mon cœur promet
Accord sincère.

PISTOLÈS, à part.

Leurs deux cœurs, je l' crois, en effet,
Feront la paire.

ENSEMBLE.

PISTOLÈS.

Plus de peur,
Moment de bonheur!
Oui, sa vengeance
Me donne l'espérance...
Et l'amour,
Bientôt, sans retour,
Dans ces beaux lieux,
Va combler tous mes vœux!

CLORINDE.

O fureur!
Non, plus de bonheur!
Que la vengeance
Soit ma seule espérance,
Car l'amour,
Bientôt, sans retour,
Loin de ces lieux,
Va combler tous ses vœux!

ULYSSE.

Plus de peur,
Moment de bonheur.
Sa confiance
Me rend à l'espérance.
Oui, l'amour,
Bientôt, sans retour,

Loin de ces lieux,
Va combler tous mes vœux.

ULYSSE.

Adieu donc, ma Bibiche, sèche tes pleurs,
et donne-moi ma bouffarde.

CLORINDE.

Je la garde; je fumerai dedans quelquefois en
souvenir de toi. (A part.) Ça me rappellera la lé-
gèreté de tes sermens, infâme !

ULYSSE.*

Tu dis ?

PISTOLÈS, bas, à Clorinde.

Contenez-vous !

CLORINDE.

Je dis que je renonce à t'accompagner.

ULYSSE.

Oh! oui, épargne mon cœur sensible.

CLORINDE.

Par quel convoi pars-tu ? pour que je puisse
me dire en gémissant : Voilà le cruel moment,
mon bien aimé s'éloigne.

ULYSSE.**

Celui d'onze heures, hélas !

CLORINDE, à part.

Que n'as-tu avalé un bouillon de la même
heure ! (Haut.) C'est bien, mon ange.

ULYSSE.

Pistolès se chargera de remettre mes effet à la
malle (Bas.) poste restante.

TOUS TROIS.

Adieu !

ULYSSE.

Air de Marlborough.

Oh ! regret inutile !
Il le faut, c'en est fait, je m'exile
Bien loin de cette ville,
Et loin de mes amours.
Adieu donc, mes amours !

ENSEMBLE.

Oh ! regret inutile !
Il le faut, c'en est fait, il s'exile
je m'exile

* Pistolès, Clorinde, Ulysse.
** Clorinde, Ulysse, Pistolès.

Bien loin de cette ville,

Et loin de ses mes amours.

(Ulysse sort à droite. Il répète les derniers vers dans
l'escalier.)

SCÈNE XIII.

PISTOLÈS, CLORINDE ; puis, KOUAK.

CLORINDE, après avoir écouté Ulysse pendant quelques instans.

Vite, mon châle, mon bibi ?

PISTOLÈS.

Voilà !

CLORINDE.

Et si vous m'avez trompée, je vous arrache
les yeux...

PISTOLÈS.

Je suis sûr de mon fait, et, pour preuve, je
vous attends ; mais si je vous ai dit vrai... oh ! si
je vous ai dit vrai...

CLORINDE, en se préparant, et tout-à-coup.

Savez-vous danser la polka ?

PISTOLÈS.

Mais oui.

CLORINDE.

Nous verrons !

(Elle sort.)

KOUAK, paraissant à un œil-de-bœuf au-dessus de la
porte à gauche.)

Jé ne entends plus rien... Ah ! mon Dieu, lé
petite !..

PISTOLÈS.

Tiens, vous voilà, English ; je vous avais ou-
blié.

KOUAK.

Mais le pâté ?

PISTOLÈS, se mettant à table.

Merci, Milord ! Vous allez me dire des nouvelles... de son fumet ! A votre santé !

(Le rideau tombe pendant que Kouak furieux se
démène à l'œil-de-bœuf.)

FIN DU PREMIER ACTE.

ACTE II.

Un petit salon très modeste communiquant à gauche du spectateur à la chambre de Lodoïska, à droite à
un couloir qui mène chez Alcindor. — Porte au fond.

SCÈNE I.

ALCINDOR, puis, LODOISKA.

ALCINDOR, seul.

Oui, oui, décidément je m'attachais trop à
Lodoïska. Avec ses éternels scrupules et ses idées
matrimoniales... ça devenait dangereux... Pourvu que ce vieux magot de portier lui ait remis
ma lettre... (On entend chanter Lodoïska en dehors.) Oh ! la voilà ! Elle ne se doute pas, la
malheureuse, de la catastrophe qui la menace.

LODOISKA, entrant en chantant.

La victoire est à nous !.. Réjouis-toi, Alcindor, voici une lettre de ton pays ; c'est sans
doute un mandat ; il arrive à propos.

ALCINDOR.

Donne vite!

(Il ouvre la lettre.)

LODOÏSKA.

Il était temps!.. Notre panne commençait à être infiniment trop prolongée.

ALCINDOR.

Ah! grand Dieu!

LODOÏSKA.

Qu'est-ce donc?

ALCINDOR.

Soutiens-moi.

LODOÏSKA.

Eh bien! il se trouve mal?

ALCINDOR.

Ah! ma pauvre Lodoïska, c'est épouvantable!

LODOÏSKA.

On n'envoie rien?

ALCINDOR.

Ah! mon oncle, mon vénérable oncle!.. sera-t-il temps encore?

LODOÏSKA.

Qu'a-t-il?

ALCINDOR.

Eh! vite, vite... Ma malle, mes effets?

LODOÏSKA.

Pourquoi faire?

ALCINDOR.

Pour courir vers mon oncle. Vois, sa goutte lui est remontée dans l'estomac, il est à toute extrémité.

LODOÏSKA.

Oh! ce pauvre vieux!

ALCINDOR.

Il m'appelle!.. J'entends d'ici sa voix affaiblie, je le vois qui tend vers moi ses bras amaigris.

LODOÏSKA.

Et tu vas me quitter?

ALCINDOR.

Le devoir l'ordonne; fais toi-même, vois si je puis résister à ce touchant appel?

LODOÏSKA.

Je ne dis pas, mais...

ALCINDOR.

Mets-toi à ma place: si ta tante, la respectable mère Lardon, était aux prises avec l'affreuse camarde, que ferais-tu?

LODOÏSKA.

Oui, oui, sans doute... Tu apprécies bien mon cœur. Mais... nous séparer...

ALCINDOR.

Pour quelques jours. N'affaiblis pas mon courage, le temps seulement de baiser la main glacée de mon oncle, et de recueillir sa succession.

LODOÏSKA.

Oh! oui, c'est trop juste.

ALCINDOR.

Tu te retournes en essuyant tes larmes, et tu me retrouves à tes genoux.

LODOÏSKA.

C'est consolant... Et puis, comme tu le dis, il faut honorer ses parens...

ALCINDOR, à part.

Et leur succession.

LODOÏSKA.

Mais ne m'oublieras-tu pas?

ALCINDOR.

Oh! c'est insulter à mon amour! Allons, Lodoïska, soyons hommes...

LODOÏSKA.

Je ne demanderais pas mieux, mais cet empressement...

ALCINDOR.

Air de madame Favart.

Mon ange, lorsque je te quitte,
Ici, pourquoi me retenir?
Car c'est pour revenir plus vite
Que je me hâte de partir.
Aussi, vois combien je m'empresse,
Oui, j'en prends le ciel à témoin,
Pour toi je sens tant de tendresse
Que je voudrais être bien loin.

Je descends chez moi, je vais réunir les papiers de famille que j'ai dans mon secrétaire, puis je cours au chemin de fer retenir une place.

LODOÏSKA.

Tu me reverras avant de sortir.

ALCINDOR.

Pour nous attendrir et perdre du temps... Non, j'ai déjà trop peu de force; je sortirai directement de chez moi... Je ne veux pas prolonger tes sanglots... Du courage, voyons! que diable, nous sommes Français.

LODOÏSKA.

Mais de l'argent pour ta place?

ALCINDOR.

Oh! mes effets sont là... Une malle, ça fait bien.

LODOÏSKA.

Et à moi... que me restera-t-il?

ALCINDOR.

L'or est une chimère.

LODOÏSKA.

Hélas! depuis quelque temps, surtout.

ALCINDOR.

Quand tu n'auras rien, ça me rappellera à ton souvenir.

LODOÏSKA.

Je penserai sans cesse à toi.

ALCINDOR.

Je te laisserai ce que j'ai de plus précieux.

LODOÏSKA.

Oh! je ne l'accepterai pas.

ALCINDOR.

Air:

Va, plus de faiblesse,
De vain préjugé...

* Alcindor, Lodoïska.

Garde ma tendresse,
C'est tout ce que j'ai ;
Ici je te laisse
Tous les biens que j'ai.

LODOÏSKA.

Ah ! c'est tout ?.. Enfin...

REPRISE ENSEMBLE.

(Alcindor sort à droite.)

SCÈNE II.

LODOÏSKA, puis, KOUAK.

LODOÏSKA, seule.

De la tendresse, c'est bien gentil, mais c'est peu nourrissant. J'aimerais assez du beefteack avec... Il y a déjà six mois que je dîne fort peu... Au lieu de la fortune qu'il m'avait fait espérer et que j'ai refusée d'un autre !.. Et seule, comment ferais-je ? me voilà gentille... Avec ça que la douleur creuse horriblement... Enfin, heureusement que je suis sûre de sa tendresse.

KOUAK, entrant au fond.

Oh ! Miss, pardon, cé était encore moi !

LODOÏSKA, à part.

Lord Kouak à propos de beefteack !.. (Haut.) Qu'est-ce que vous venez faire ici ? (A part.) Si Alcindor le voyait ! (Haut.) Voulez-vous bien vous en aller !

KOUAK, s'asseyant avec accablement.

Oh ! no...

LODOÏSKA.

Comment ! non ?

KOUAK.

No.

LODOÏSKA.

Je me suis cependant expliquée franchement.

KOUAK.

Oh ! yes : vous aviez dit que vous pouviez point supporter moi.

LODOÏSKA.

Et je vous avais défendu...

KOUAK.

De revenir, yes... aussi jé reviens dire à vous que jé reviendrai plus du tout, car je suis dans lé douleur lé plus creux.

LODOÏSKA.

Eh bien ! et moi donc !

KOUAK.

Jé venais faire lé adieu à vous.

LODOÏSKA.

Vous partez aussi ?

KOUAK.

Dans deux heures... Jé avais envoyé lé petit groom retenir une place.

LODOÏSKA.

Et pour quel pays ?

KOUAK.

Jé savais pas. Lé première voiture qui partira. Jé voulais fuir vous, puisque vous fuyez constamment moi.

LODOÏSKA.

Eh bien ! bon voyage.

KOUAK.

Oh ! no, pas bon ; le spleen il vient avec moi. Jé étais venu en France pour égayer moi ; mais lé France il était bon que pour les légumes, qui sont très tendres, mais les femmes, très dures...

Air de Fra Diavolo.

J'avais à vous, pour le séduire,
Écrit de bien jolis poulets
Où je peignais avec délire
Les charmes de l'amour anglais,
Sa gaîté communicative
Et son sémillant entretien,
Sa vivacité qui captive...
Le moelleux de son maintien,
Et tout cela ne vous fait rien...
Oh ! no, Miss, cela n'est pas bien,
Ce n'est pas bien.

LODOÏSKA.

Que voulez-vous, Milord, je suis difficile.

KOUAK.

Yes, vous avez refusé les lettres à moi, les présens à moi, tout à moi.

LODOÏSKA.

Surtout les présens.

KOUAK.

Les châles, les bijoux, les perdreaux... avec des truffes dedans.

LODOÏSKA, à part.

Et cependant ça n'aurait pas été de luxe.

KOUAK.

Jé offrais encore à vous mon tendresse, mon bourse.

LODOÏSKA.

Comment !.. (A part.) Oh ! si on n'avait pas de la vertu.

KOUAK.

Jé déposais tout devant vos jolis pieds.

LODOÏSKA.

Oui, sans doute ; mais... (A part.) Je me dois à Alcindor, je ne veux pas être ingrate. (Haut.) Vous savez ce que je vous ai dit.

KOUAK.

Yes : vous avez dit d'aller promener moi ; j'ai promené moi... mais je vous aime toujours comme un bête.

LODOÏSKA.

Je n'en disconviens pas.

KOUAK.

Et il n'y a que le mariage qui puisse guérir moi de le tourment amoureux.

* Kouak, Lodoïska.

LODOÏSKA.

Le mariage !.. Pour de vrai ?

KOUAK.

Yes ; mais je veux voir vous tous les jours.

Air : En attendant.

En attendant un lien si prospère,
Prenez pitié du plus sensible amant.
Permettez-moi , belle Miss , que j'espère
En attendant.

LODOÏSKA.

Oh! si jen e me retenais.... (Haut.) Non, non,
Milord , vous savez que je ne suis pas libre.

KOUAK.

Ah! bien, le frère à vous qui habite dans ce
maison pour protéger lé innocence à vous ; mais
jé avoir pu jamais le rencontrer , et...

LODOÏSKA.

C'est inutile ; d'ailleurs, il vient de partir
aussi pour un voyage.

KOUAK.

Oh !..

LODOÏSKA.

Et il faut me quitter , me quitter à l'instant.
(Ecoutant.) Ah ! mon Dieu !

SCÈNE III.

LES MÊMES, CLORINDE , PISTOLÈS.*

CLORINDE , entrant.

La voilà !

LODOÏSKA.

Clorinde !

KOUAK , à part.

Oh ! lé petite !

ENSEMBLE.

Air nouveau.

Quoi !
C'est toi
Que je voi !
A la fin,
Le destin
Près de toi me rappelle.
C'est elle,
Plus d' chagrin.

CLORINDE.

Nous te retrouvons donc, enfin !.. après six
mois de recherches, ce n'est pas dommage !

LODOÏSKA.

Je te dirai mes motifs... Mais comment m'as-
tu retrouvée ?

CLORINDE.

Je te conterai cela plus tard.

PISTOLÈS.

J'ai vu cette tête-là quelque part.

* Kouak, Pistolès, Clorinde, Lodoïska.

KOUAK.

Yes, yes.

CLORINDE.

L'Anglais !.. encore !

KOUAK.

Jé salue vous beaucoup fort.

CLORINDE.

En v'là un entêté !

PISTOLÈS.

Je vous dois un déjeuner, Milord.

KOUAK.

Je le paierai encore, si le petite Lodoïska il
veut.

LODOÏSKA.

Mais, Milord, je vous ai dit...

KOUAK.

Yes, le frère à vous ; mais jé écrirai pour avoir
son consentement.

CLORINDE et PISTOLÈS.

Son frère !

(Signes de Lodoïska.)

PISTOLÈS.

Ah ! oui, très bien ; je lui parlerai pour vous,
Milord.

LODOÏSKA.

Comment ?

CLORINDE.

Oui, oui, nous nous chargeons de l'affaire.

KOUAK.

Oh ! merci à vous.

PISTOLÈS.

Attendez-moi, je vous indiquerai le moyen.

KOUAK.

Veryveel, Sir thenk iou.

PISTOLÈS.

Votre adresse ?

KOUAK.

En face, dans le hôtel...

PISTOLÈS.

Du Cornichon, très bien !

LODOÏSKA.

Mais...

CLORINDE.

Tais-toi !

KOUAK.

Oh ! jé étais très fort content.

Air de Zanetta.

KOUAK.

En vous j'ai confiance,
Mais ne soyez pas long-temps.
Avec impatience,
Songez que j'attends.

REPRISE ENSEMBLE.

Ayez donc confiance,
Mais ne soyez pas long-temps.
Avec impatience,
Comme vous j'attends.

SCÈNE IV.

PISTOLÈS, CLORINDE, LODOSIKA.

LODOÏSKA.

Ah çà ! es-tu folle ?

CLORINDE.

Maintenant que nous sommes en famille, nous pouvons nous expliquer... Mais, d'abord, que je te présente...

LODOÏSKA.

Monsieur Pistolès, si je ne me trompe.

CLORINDE.

Mon mari depuis le mois de mai.

PISTOLÈS.

Signe du capricorne.

LODOÏSKA, bas.

Le petit si embêtant ?

CLORINDE.

Pas trop, ma chère ! Il a enterré deux cousins, et il a encore trois oncles à recueillir ; nous attendons ça vers la récolte des prunes. (Caressant Pistolès.) Il est gentil, il est charmant.

LODOÏSKA.

C'est donc ça que je te vois une toilette si quintessencieuse !

PISTOLÈS.

Il faut bien soutenir son rang.

CLORINDE.

Tandis que toi...

LODOÏSKA.

Oh ! ma chère, enfoncée à la profondeur du puits de M. Mulot !.. Tu es bienheureuse... Et cependant, si j'avais voulu...

CLORINDE.

Le goddam ?

LODOÏSKA.

Il m'offre sa main.

CLORINDE.

Et tu refuses pour ?.. Oh! faibles femmes que nous sommes... Notre candeur nous perd... Il t'a donc mise dedans ?

LODOÏSKA.

Qui ça ?

CLORINDE.

Ton fils de banquier ?

PISTOLÈS.

Ou d'épicier... lui, enfin.

LODOÏSKA.

Mais, encore ?

CLORINDE.

Ulysse.

LODOÏSKA.

Qu'est-ce que c'est que ça, Ulysse ?

PISTOLÈS.

Ou Alcindor, si vous voulez.

LODOÏSKA.

Alcindor ! Expliquez-vous, et comment se fait-il...

CLORINDE.

Que nous t'ayons trouvée ?.. En effet, il se déguise si bien, le saltimbanque !.. Mais nous l'avons vu sortir de la maison tout à l'heure. Ta disparition datait du même jour que la sienne...

LODOÏSKA.

Tu le connais donc ?

CLORINDE.

Un peu. Nous nous sommes rencontrés dans le monde... à la *Chaumière*... et je connais tous ses trucs.

LODOÏSKA.

Mais, alors, explique-toi, tu me fais bouillir... et surtout dans la tristesse où je suis plongée... quand une affreuse catastrophe vient de nous frapper.

CLORINDE.

Est-ce que son oncle se meurt ?

LODOÏSKA.

Comment sais-tu ça ?

PISTOLÈS.

C'est donc vrai ?

LODOÏSKA.

Hélas! oui : ce matin, une triste lettre...

CLORINDE et PISTOLÈS.

Ah ! bravo ! bravo !

PISTOLÈS.

Et il part ?

LODOÏSKA.

Dans un moment.

CLORINDE.

Pour Aix en Provence ?.. Ah ! ah! ah ! Tra là, là, là, là, là !

(Elle se met à danser avec Pistolès. — Ils finissent par tomber assis en riant.)

LODOÏSKA.

Mais qu'avez-vous donc tous les deux ? et comment avez-vous pu savoir ?..

PISTOLÈS.

Oh! il a un oncle si maladif !

CLORINDE.

Et qui se meurt si souvent, le pauvre homme ! Je ne sais pas comment il y résiste, il y a juste six mois que cela lui est arrivé.

LODOÏSKA.

Six mois !

CLORINDE.

Le 17 mai.

LODOÏSKA.

Le jour où je t'ai vue ?

CLORINDE.

Air de Colalto.

Le dix-sept mai, jour de deuil et d'horreur,
Dès le matin une lettre fatale,
Frappant celui qui régnait sur mon cœur,
Le rappelait dans sa ville natale.
A son départ pouvait-il donc surseoir,
Quand un mourant demandait sa présence ?..
Il partait donc... Mais pour lui la Provence
Etait, ma chèr', dans la rue du Battoir;
Me comprends tu ? c'était rue du Battoir.

LODOÏSKA.

Numéro...

CLORINDE.

Vingt-deux.

LODOÏSKA.

Ici! Quoi, ce monstre... c'était Alcindor?

CLORINDE.

Ou Ulysse.

PISTOLÈS.

Choisissez, c'est du même tonneau.

LODOÏSKA.

Ah!.. Et aujourd'hui?...

PISTOLÈS.

Il change de quartier comme alors, ça fait huit fois.

LODOÏSKA.

Le sacripant!..

CLORINDE.

Tu est flouée.

PISTOLÈS.

Oh! les hommes, les hommes!

LODOÏSKA.

Oh! Alcindor, Alcindor!

CLORINDE.

Oh! Ulysse, Ulysse!

LODOÏSKA.

Il me jouait... il me plantait là... et sans le sou!..

CLORINDE.

La débine est la seule chose à laquelle il soit fidèle.

LODOÏSKA.

Oh! je me vengerai.

PISTOLÈS.

La vengeance est le plaisir des dieux...

CLORINDE.

Et des femmes, surtout.

LODOÏSKA.

Mais je veux être sûre de mon fait.

CLORINDE.

Tu le seras, je t'en donnerai le moyen.

LODOÏSKA.

Mais vous me seconderez?

CLORINDE.

A la vie!

PISTOLÈS.*

A la mort.

ENSEMBLE.

Air des Puritains.

Tous les trois, contre le danger,
Formons une sainte alliance,
Jurons, d'une commune offense,
Jurons de nous venger!
Sachons ici, par notre accord,
Tromper sa défiance.
Dès ce moment soyons, à mort,
Unis pour la vengeance,
A mort!

Tous les trois, etc.,

LODOÏSKA.

Ah! oui, je me vengerai!.. Je le jure sur sa tête!

* Clorinde, Pistolès, Lodoïska.

PISTOLÈS, bas, à Clorinde.

Et moi, je vais trouver l'Anglais; j'ai encore son déjeuner sur la conscience; il en paiera un second pour faire passer le premier.

LODOÏSKA, écoutant à droite.

Taisez-vous!

CLORINDE.

Quoi?

LODOÏSKA.

C'est le monstre qui sort de son repaire.

CLORINDE.

Il ne faut pas qu'il nous voie.

LODOÏSKA.

Mais, ton moyen?

CLORINDE.

Je vais te le dire... viens!

REPRISE DE L'ENSEMBLE, à voix basse.

Sachons ici, etc.

(Ils se sont approchés de la porte du fond, et partent en voyant Alcindor ouvrir la sienne.)

SCÈNE V.

ALCINDOR, puis, LODOISKA.

ALCINDOR, seul, d'abord.

Voilà!.. Tout mon bagage est ficelé... Tiens! la châtelaine est absente... si elle pouvait ne pas remonter son nez avant mon départ définitif... la séparation serait moins larmoyante. O Dieu! la belle idée que mon imagination a conçue!.. combien de fois déjà elle m'a servi!.. J'espère bien qu'elle me servira encore... souvent... Ah! les femmes qui ont la prétention d'être si fines... ça fait pitié, ma parole d'honneur!.. Un instant encore, et...

(Fredonnant.)

J'ai long-temps parcouru le monde,
Et...

(Voyant ouvrir.) Motus!.. la figure de circonstance... (Allant à Lodoïska qui entre en se cachant la figure de son mouchoir.) Tu pleures, mon chéri!..

LODOÏSKA, pleurant.*

Ah! est-on plus malheureuse!

ALCINDOR.

Comment! tu ne peux pas surmonter le chagrin?..

LODOÏSKA.

Ah! ma tante, ma pauvre tante!

ALCINDOR.

Qu'est-ce donc?

LODOÏSKA.

A son âge, et quand elle se portait si bien!

* Lodoïska, Alcindor.

ALCINDOR.

Elle est morte ?

LODOÏSKA.

Non, mais elle n'en vaut pas mieux. Mon
cousin Gamard sort d'ici, et il m'a dit... hi! hi!
hi !.. que ma tante...

ALCINDOR.

Achève donc !

LODOÏSKA.

Une roue de voiture lui a passé sur la jambe.

ALCINDOR.

Ah! mon Dieu !

LODOÏSKA.

Elle est au pire, et veut absolument me voir.

ALCINDOR.

Tu pars donc ?

LODOÏSKA.

A l'instant.

ALCINDOR, à part, avec joie.

Comme ça se trouve !

LODOÏSKA, l'observant, à part.

Canaille !

ALCINDOR.

Ah! que je te plains, moi qui connais cet affreux malheur...

LODOÏSKA.

C'est absolument la même chose.

ALCINDOR.

Quelle cruelle sympathie !.. Cette brave mère
Lardon...

LODOÏSKA.

Tu sens que je n'ai pas hésité... Mon oncle
m'attend à la voiture de Montargis, mais je n'ai
pas voulu partir sans t'embrasser.

ALCINDOR.

Oh! que c'est bien !.. Et ainsi, tu pars tout de
suite, tout de suite, tout de suite ?

LODOÏSKA.

Tout de suite... On dirait que ça te fait plaisir ?

ALCINDOR.

Non, non... c'est-à-dire, sous un rapport...
Je gémis moins sur mon départ, puisque nous
aurions été séparés sans cela.

LODOÏSKA.

A la bonne heure ! car moi je sais ce qu'il
m'en coûte... Et si tu exigeais un sacrifice, je
resterais.

ALCINDOR.

Non pas !.. je ne serai pas plus égoïste que
toi... Remplissons tous deux nos devoirs; je te
donnerai toujours l'exemple des vertus.

LODOÏSKA.

Je le suivrai, ton exemple, je te le promets...
Quand pars-tu ?

ALCINDOR.

Dans un quart d'heure.

LODOÏSKA.

Nous nous suivrons de bien près... Hélas ! la
maison va rester vide.

ALCINDOR.

Mais nous nous y retrouverons.

LODOÏSKA, avec intention.

Je l'espère bien. En attendant, il faut nous
quitter.

ALCINDOR.

Il le faut !

LODOÏSKA, à part.

Ah! les hommes, qui ont la prétention d'être
si fins !.. (Haut.) Adieu, ma tante m'appelle !

ALCINDOR.

Mon oncle me tend ses bras...

LODOÏSKA.

Amaigris !..

ENSEMBLE.

Air du quadrille d'Austerlitz.

Faisons taire notre douleur
Dans cette occasion cruelle,
Lorsque le devoir nous appelle,
Il faut savoir vaincre son cœur.

(Lodoïska sort par le fond.)

SCÈNE VI.

ALCINDOR, puis, CLORINDE.

ALCINDOR, seul, d'abord.

Tra, la, la, la !..
La bonne aventure,
O gué !
La bonne aventure !..

C'est mieux encore que je n'espérais... Cette
pauvre mère Lardon !.. J'en suis désolé, mais
ça m'arrange joliment !.. Voilà mon déménage-
ment fait... Ah ! palsambleu! je suis un fortuné
coquin !

(Il danse.)

CLORINDE, entrant.

Eh bien ! est-ce que je me serais trompée ?

ALCINDOR.

Ce timbre !.. (Se retournant.) Ah! mon Dieu !

CLORINDE.

Ulysse !

ALCINDOR.

Clorinde !.. Par quel hasard ici ?

CLORINDE.

Ah! que je suis heureuse !

ALCINDOR.

Et moi, donc !.. (A part.) Quelle cheminée !

CLORINDE.

Te voilà donc de retour ?

ALCINDOR.

Oui, oui, ma bonne chérie... Je débarque à
l'instant, tu me prends au débotté... Tu vois?
je suis en costume de voyage.

CLORINDE.

Et tu allais accourir vers moi ?

ALCINDOR.

Parbleu!.. le temps seulement de faire ma barbe et de mettre des sous-pieds... Je courais chez toi, le cœur plein d'inquiétude... (A part.) Quel bonheur que Lodoïska soit partie!.

CLORINDE.

Ah! que tu me fais de bien!.. Je pleure de joie!

ALCINDOR, à part.

Est-ce que par hasard, elle m'aurait été fidèle?

CLORINDE.

Tu m'aimes donc toujours?

ALCINDOR.

Mes lettres ne te l'ont-elles pas prouvé?

CLORINDE.

Tu m'as écrit?

ALCINDOR.

Vingt-cinq, trente fois... je n'ai pas compté; Mais par quelle fatalité?..

CLORINDE.

C'est dégoûtant, ma parole, la manière dont le service des postes se fait!.. Et quel dommage! tes chères lettres m'auraient consolée, ton ami Pistolès me les aurait lues.

ALCINDOR.

Tu as donc cultivé sa connaissance?

CLORINDE.

. Un peu... en souvenir de toi.

ALCINDOR.

Oh! merci!.. Il n'y a que les femmes pour donner de telles preuves d'amour.

CLORINDE.

Dis donc, je ne te vois pas en deuil... Il paraît que ce pauvre oncle va mieux?

ALCINDOR.

Oui, oui, certainement... Mais dis-moi donc par quel hasard je te vois ici.

CLORINDE.

Un rendez-vous avec une amie à moi.

ALCINDOR.

Une amie!..

CLORINDE.

Que tu ne connais pas, et que je viens de rencontrer. Il me semblait bien qu'elle m'avait dit la porte à gauche, mais je me serai trompée d'étage.

ALCINDOR.

Oui, oui, c'est ça, sans doute... (A part.) Je sentais déjà une peur qui me galopait; mais elle est sur la route de Montargis.

CLORINDE.

Je ne te gêne pas, n'est-il pas vrai?

ALCINDOR.

Non, certainement!.. Toi, gêner ton Alc... ton Ulysse!.. Diables de noms!.. je m'y perds!

CLORINDE.

Oh! non, ce n'est pas Ulysse qui me trom-

perait!.. Aussi, je m'établis ici, j'y attendrai mon amie.

ULYSSE.

Mais elle n'osera peut-être pas...

CLORINDE.

Oh! elle n'est pas poltronne... et tu verras comme elle est gentille.

ALCINDOR.

Bah! vraiment?

CLORINDE.

Elle doit aller à la campagne avec... quelqu'un... Elle m'avait engagée... Eh! mais, j'y pense... tu viendras en quatrième.

ALCINDOR.

Ça me va!.. (A part.) Au fait, à quatre, on ne sait pas... (Haut.) Il paraît que tu te permets la petite partie, toi?

CLORINDE.

Dame! tu comprends... on ne peut pas pleurer nuit et jour.

ALCINDOR.

Il faut bien se délasser, parbleu!.. Ton amie est-elle aimable?

CLORINDE.

Charmante!.. Ah! c'est une histoire... Figuretoi qu'elle avait un amoureux qui l'embêtait!

ALCINDOR.

Quelque imbécille, sans doute?

CLORINDE.

Juste!

ALCINDOR.

Et elle l'a planté là?

CLORINDE.

Mais drôlement!... Elle lui a poussé je ne sais quelle craque...

ALCINDOR.

Le jobard aura donné dedans.

CLORINDE.

En plein!.. Et c'est d'autant plus drôle, qu'il se croit très malin.

ALCINDOR.

Ils sont tous comme ça.

CLORINDE.

Il la croit maintenant bien loin sur la route de je ne sais quelle province.

ALCINDOR.

Hein? comment dis-tu?

CLORINDE.

Oui, je ne sais trop ce qu'elle lui a conté d'un parent malade.

ALCINDOR, à part.

Est-ce que je serais fait au bloc?

CLORINDE.

C'est drôle, n'est-ce pas?

ALCINDOR.

Oui, oui, c'est très drôle... (A part.) Lodoïska!.. c'est impossible!

CLORINDE.

Elle est si spirituelle !.. et puis, jolie, brune, avec de grands yeux noirs.

ALCINDOR, à part.

Mais c'est ça !

CLORINDE.

Boulotte, pas trop grande.

ALCINDOR.

C'est encore ça !.. (Haut.) Et tu dis que je ne la connais pas ?

CLORINDE.

Non, mais attends donc... il me semble qu'elle est venue à la maison le jour même de ton départ.

ALCINDOR.

Ah ! sacristi !

(Il s'élance sur sa casquette et veut partir.)

CLORINDE.*

Eh bien ! que te prend-il ?

ALCINDOR.

Laisse-moi, laisse-moi... Je ne veux pas faire de nouvelles connaissances. Ton amie ne me convient pas, et je suis fâché de te voir fréquenter une société pareille.

CLORINDE.

Parce qu'elle s'est jouée d'un homme !.. Bah ! quelque imbécille, sans doute... Et puis, au fait, cette manière de rompre vaut mieux que de s'exposer à des gémissemens, des aboiemens, des grincemens de dents...

ALCINDOR.

Comment dis-tu ça ?.. (A part.) Est-ce que Pistolès m'aurait trahi ?

CLORINDE.

Comme tu es agité !.. Ça te rend tout maussade !.. Voyons, je ne puis te laisser partir, je te suivrais plutôt, et cette pauvre Sidonie m'en voudrait.

ALCINDOR.

Sidonie !.. c'est le nom de ton amie?

CLORINDE.

Sans doute !

ALCINDOR, à part.

Et moi qui m'imaginais... J'étais fou !..

(Il s'assied en s'essuyant le front.)

SCÈNE VII.

Les Mêmes, LODOISKA, PISTOLÈS.

PISTOLÈS, bas, à Lodoïska.**

Vous voyez qu'il y est.

CLORINDE.

Entre donc !

ALCINDOR, à part, se relevant d'un bond.

Ah ! c'est elle !.. Elle change donc aussi de

nom... Ah ! je voudrais avoir une cloche pour me mettre dessous.

(Il se tient à l'écart.)

CLORINDE.

Ma chère amie, permets que je te présente M. Ulysse, un jeune homme charmant, qui vient promener avec nous. (A Alcindor, en le faisant retourner.) Mais salue donc !

LODOÏSKA.*

Tiens ! vous êtes encore là ?

CLORINDE.

Comment, tu le connais ?

LODOÏSKA.

Certainement, je connais très bien M. Alcindor.

CLORINDE.

Non, Ulysse.

LODOÏSKA.

Alcindor.

PISTOLÈS.

Ou autre nom.

ALCINDOR, à part.

Quel aplomb !.. (Haut, à Lodoïska.) Comment, Madame, vous n'êtes pas partie?

LODOÏSKA.

Non, et vous ?

ALCINDOR.

Mais votre tante malade?

LODOÏSKA.

C'est de la même maladie que votre oncle.

ALCINDOR.

Alors elle n'a pas besoin de médecin... (A part.) Je suis bloqué !

CLORINDE.

Qu'entends-je, Ulysse ?

PISTOLÈS.

Ou Alcindor.

CLORINDE.

C'était lui, l'imbécille que tu plantais là !** Comment, monstre ! vous êtes à Paris depuis six mois?

ALCINDOR.

Non, non, je t'expliquerai... (Bas, à Pistolès.) Tu m'as trahi, serpent !

PISTOLÈS.

Que veux-tu? mon bon, que veux-tu ?.. C'est aujourd'hui la saint Lambert.

CLORINDE.

Ainsi, j'ai été jouée !

ALCINDOR.

Et moi, donc?

PISTOLÈS.

Ah ! mon cher, il n'y a pas de procédé qui n'ait son mauvais côté.

LODOÏSKA.

Peut-on suivre un meilleur exemple que celui de M. Alcindor ?

---

* Clorinde, Alcindor.
** Pistolès, Lodoïska, Clorinde, Alcindor.

* Pistolès, Clorinde, Lodoïska, Alcindor.
** Clorinde, Lodoïska, Alcindor, Pistolès.

PISTOLÈS.

Ne doit-on pas être fier d'imiter Ulysse?..

CLORINDE, faisant semblant de pleurer.

Et moi qui ne me doutais de rien !.. Oh! c'est affreux !.. Et j'ai la faiblesse de l'aimer encore !

ALCINDOR.

Vraiment!.. (A part.) C'est un moyen de vexer l'autre. (Haut.) Tu sauras tout, Clorinde; quand nous serons seuls, je te dirai...

LODOÏSKA.

Des blagues !

ALCINDOR.

Elle parle de blagues !.. Vous ne rougissez pas ?

LODOÏSKA.

De quoi ?.. D'abord, vous êtes dans votre tort, vous deviez partir à onze heures, et il en est onze et demie ; ce n'est pas ma faute si je vous trouve encore là.

CLORINDE.

Ah ! je suis témoin qu'il allait partir... Le temps seulement de faire sa barbe et de mettre des sous-pieds.

PISTOLÈS.

Ah bah! tu es bien comme ça pour venir avec nous.

ALCINDOR.

Suffit !.. Vous croyez me vexer, eh bien! allez, mariez-vous ensemble, et je suis assez vengé !..

PISTOLÈS.

Ah! mon vieux, tu ris jaune.

ALCINDOR.

Moi !.. quand Clorinde me reste... Car tu me restes, n'est-ce pas, mon ange?.. Cette bonne Clorinde, elle n'était pas du complot, elle !

CLORINDE.

Oh! non !

ALCINDOR.

J'ai eu des torts envers elle, c'est vrai; mais je suis prêt à les réparer.

LODOÏSKA.

A votre aise; moi j'ai nom Pistolès.*

PISTOLÈS.

Oh ! oui.

LODOÏSKA.

Je l'aime, je l'adore, j'en suis folle!

PISTOLÈS.

Ça ne m'étonne pas.

LODOÏSKA, bas, à Clorinde.

Oh! pour me venger, j'épouserais le premier venu.

CLORINDE.

C'est bien !.. (A Alcindor.) Ainsi, tu m'offres...

ALCINDOR.

Ma fortune.

* Pistolès, Lodoïska, Clorinde, Alcindor.

LODOÏSKA.

Ah! c'est du propre !

ALCINDOR.

Et ma main.

CLORINDE.

Pour me tromper encore, ingrat !

ALCINDOR.

Jamais!

CLORINDE.

Nous verrons.

SCÈNE VIII.

PISTOLÈS, KOUAK, ALCINDOR, CLO-
RINDE, LODOÏSKA.

KOUAK, entrant.

Voici moi.

LODOÏSKA.

L'Anglais !

CLORINDE, bas.

Tais-toi !

ALCINDOR, à part.

Quel est encore celui-là ?

PISTOLÈS, bas, montrant Alcindor à Kouak.

C'est son frère !..

KOUAK, à Pistolès.

Oh bien !.. (Haut.) Jé avais l'honneur dé parler à M. Alcindor ?

ALCINDOR.

Moi !..

CLORINDE, à Kouak.

Monsieur est précisément...

(Elle désigne Alcindor.)

KOUAK.

Jé voulais causer à lui.*

ALCINDOR.

Pardon, Monsieur, mais je suis en société.

CLORINDE.

Nous nous retirons. (A Lodoïska.) Veux-tu me conduire dans ta chambre?.. (Bas.) Je t'expliquerai la chose.

(Elles remontent.)

PISTOLÈS, à Alcindor.

Et moi, puis-je descendre chez toi ?

ALCINDOR.

Va au diable ! si tu veux.

PISTOLÈS.

Bien obligé !.. (A part.) Je vais dresser la carte du dîner des fiançailles... J'adore les fiançailles, et surtout les dîners.

ENSEMBLE.

Air : Nous avons pu de cette offense.

PISTOLÈS, CLORINDE, ALCINDOR, LODOÏSKA.

Enfin, ici, de la vengeance,

* Lodoïska, Clorinde, Pistolès, Kouak, Alcindor.

J'ai j'espérance
En ce moment.
Sachons attendre, et la vengeance
Bientôt calmera mon tourment.

KOUAK.

Enfin, après tant de souffrance,
J'ai l'espérance
En ce moment.
Sachons attendre, et sa présence
Bientôt calmera mon tourment.

(Clorinde et Lodoïska sortent à gauche, et Pistolès
à droite.)

SCÈNE IX.

ALCINDOR, KOUAK.

ALCINDOR, à part.

Qu'est-ce qu'il me veut, cet Iroquois-là ?.. Si
c'est de l'argent, je vais bien le recevoir !

KOUAK.

Monsieur...

ALCINDOR, brusquement.

Je n'en ai pas.

KOUAK.

De quoi?

ALCINDOR.

Vous me prenez mal, je vous en préviens.

KOUAK.

Oh! mais, moi je suis dans un grand contentement de voir vous.

ALCINDOR.

Vous êtes bien bon !

KOUAK.

Donnez lé main à moi, donnez.

ALCINDOR.

La main !.. Oh! si ce n'est que ça !

KOUAK.

Jé avais cherché vous bien long-temps, et
je suis satisfait très fort que le départ à vous il
avait été retardé.

ALCINDOR.

Mon départ !.. (A part.) Est-ce qu'il en est
aussi, lui? (Haut.) Ah çà ! Monsieur, pourrai-
je savoir en quoi je puis vous être utile ?

KOUAK.

Oh! yes, vous pouvez sauver le existence à
moi, lé amour il mine fort mon tempérament.

ALCINDOR.

L'amour ?..

KOUAK.

Yes; il dévorait moi de comble en fond... Jé
restais sans mouvement, jé étais toujours éten-
du comme un bête sur mon couche...

ALCINDOR, à part.

Il me fait assez l'effet d'être venu sur couche.
(Haut.) Mais que voulez-vous que j'y fasse ?

KOUAK.

Oh ! beaucoup.... Monsieur, je suis lord
Kouak.

ALCINDOR.

Qu'est-ce que ça me fait ?

KOUAK.

Le petite il ne vous a pas dit le nom de moi ?

ALCINDOR.

Quelle petite ?

KOUAK.

Le petite sœur à vous.

ALCINDOR.

Ma sœur, à présent !

KOUAK.

Ici, jé voudrais être le beau-frère à vous.

ALCINDOR.

Savez-vous, Monsieur, que j'aime peu les
plaisanteries ?..

KOUAK.

Oh ! jé plaisanter pas du tout ! jé veux épouser le petite sœur tout de bon.

ALCINDOR, à part.

Est-ce que c'est un échappé de Bicêtre ? (Haut.)
La petite qui, enfin ?

KOUAK.

Lé petite sœur Lodoïska !

ALCINDOR.

En voilà bien d'un autre ! Et c'est à moi que
vous venez demander ?..

KOUAK.

Yes, ce être naturel.

ALCINDOR, à part.

Avec un air si niais, il doit être de bonne
foi ! (Haut.) C'est elle, sans doute, qui vous a
dit ?..

KOUAK.

Yes, depuis long-temps, elle renvoyait toujours moi à vous, mais elle voulait pas que je
vole vous.

ALCINDOR, à part.

Ah! très bien, je conçois, et elle ne m'a pas
envoyé Pistolès.

KOUAK.

Vous dites ?

ALCINDOR, à part.

Tiens, mais, au fait, il serait bien plus mystifié
que moi, le Pistolès ! (Haut.) Donnez-vous donc
la peine de vous asseoir, Milord.

KOUAK.

Merci !

ALCINDOR, à part.

Clorinde me resterait, et le perfide se trouve-
rait entre deux selles, le... (Haut.) Asseyez-vous
donc.

KOUAK.

Jé étais déjà posé.

ALCINDOR.

Très bien ! vous dites donc que vous voulez
épouser Lodoïska ?

KOUAK.

Oh! tout de suite, tout de suite!

ALCINDOR.

Et vous l'emmènerez?

KOUAK.

Yes, dans lé beau château à moi de lé Ecosse.

ALCINDOR.

Je vous la donne.

KOUAK.

Bien vrai? oh! (Froidement.) Jé ne puis retenir mon joie, jé nage dans lé contentement.

ALCINDOR.

Nagez, nagez, Milord! (A part.) Il doit avoir les mains faites pour ça. Ah! Pistolès, vous me soufflez mes conquêtes. Eh bien! vous courrez après.

KOUAK.

Et vous viendrez voir moi en Ecosse, je donnerai à vous lé hospitalité.

ALCINDOR.

Chez les montagnards écossais? Je ne dis pas non.

KOUAK.

Oh! mais si le petite il refusait moi?

ALCINDOR.

Je voudrais bien voir! Ne suis-je pas son frère. (A part.) Elle n'osera peut-être pas dire le contraire, maintenant. (Appelant à gauche.) Venez, ma sœur. (Puis à droite.) Mon bon ami Pistolès? (A part.) Ah!.. nous allons voir.

SCÈNE X.

CLORINDE, LODOISKA, ALCINDOR, KOUAK, PISTOLÈS.

PISTOLÈS, entrant.

Voilà, mon bon; la carte est établie.

(Il tient à la main un papier roulé.)

CLORINDE, entrant avec Lodoïska.

Qu'y a-t-il?

ALCINDOR, présentant Kouak.

Voici le noble lord!.. Votre nom, s'il vous plaît?

KOUAK.

Kouak!

ALCINDOR, à part.

Le nom est peu harmonieux, mais la figure ne le dément pas. (Haut.) Or donc, le noble lord Kouak m'a demandé la main de ma sœur Lodoïska.

PISTOLÈS, à part.

Allons donc! j'ai une faim!...

KOUAK.*

'Yes, Miss, jé veux mettre mon anneau à votre doigt.

* Clorinde, Lodoiska, Kouak, Alcindor, Pistolès.

LODOÏSKA.

Monsieur, je vous l'ai dit, je dépends de mon frère.

PISTOLÈS.

Certainement, et son frère...

ALCINDOR.

Consent.

TOUS.

Bah!..

ALCINDOR.

Je consens de grand cœur. (A part, regardant Pistolès.) Tire-toi de là.

KOUAK.

Et maintenant vous n'avez plus de raison pour refuser lé grand fortune à moi.

LODOÏSKA.

Non, certainement, Milord; je reconnais vos qualités: vous n'êtes pas trompeur, vous!

KOUAK.

Oh! no...

LODOÏSKA.

Et puisque mon frère le veut, voici ma main.

KOUAK, tombant à genoux.

Oh! je dirai bien cette fois: Bravo!

CLORINDE.

Bravissimo!

PISTOLÈS.

Bravissisimo!

ALCINDOR.

Comment! (Bas, à Pistolès.) Toi aussi, tu la laisses faire?

PISTOLÈS.

Moi!.. ça ne me regarde pas! *

(Les deux femmes se sont approchées d'Alcindor.)

ALCINDOR.

Mais cette partie de campagne?..

LODOÏSKA, bas, d'un côté.

Etait une frime comme votre voyage.

CLORINDE, bas, de l'autre côté.

Comme vos voyages.

ALCINDOR.

Crrré petit bonhomme!

KOUAK.

Oh! qué est-ce douc?

ALCINDOR.

Rien, Milord, je complimentais votre épouse sur...

CLORINDE.

Sur son bonheur...

ALCINDOR, prenant son parti.

Ah bien! tant pire! si je la gobe d'un côté, je me consolerai de l'autre. Clorinde, vous savez ce que je vous ai dit?..

PISTOLÈS.

Oh! non, non, cette fois, je m'oppose...

* Kouak, Lodoïska, Alcindor, Clorinde, Pistolès.

ALCINDOR.

Comment ?

CLORINDE, le saluant.

Voilà !

ALCINDOR, à part.

Des deux côtés !.. (Bas, à Clorinde.) Vipère !.. contre ton Ulysse...

CLORINDE.

Contre Alcindor !

KOUAK.

Maintenant, courons pour lé dîner !

PISTOLÈS, déroulant un immense papier.

Voici la carte.

ALCINDOR.

Un dîner pour le mariage de ma sœur, c'est toujours ça. (A part.) Et je les embêterai de ma présence.

LODOÏSKA.

Et votre voyage ?

ALCINDOR.

Je n'ai pas trouvé de place à la diligence.

TOUS.

Oh ! c'est fâcheux !

PISTOLÈS.

Une affaire si pressée ! tu vas la manquer.

KOUAK.

Pour lé quel endroit ?

CLORINDE.

Aix en Provence, ça ne varie pas.

KOUAK.

Oh ! comme ça sé trouver bien, voici lé place que le groom il avait pris à moi pour Aix ; jé vous lé offre.

LODOÏSKA.

Ah ! Milord, c'est très bien...

CLORINDE.

Rien ne vous empêche plus de partir ?

ALCINDOR.

Eh bien ! oui, je partirai, et pour tout de bon, encore.

CLORINDE.

Vous faites bien : vous commencez à être trop connu sur la place.

KOUAK.

Le bonheur, il reste ici : nous allons enfin marier nous.

LODOÏSKA.

Pas au 13ᵉ arrondissement, au moins !

KOUAK.

Oh, no... jé habite le deuxième.

ALCINDOR, à part.

Jobard d'Anglais, va !

CHŒUR.

Air du Philtre.

TOUS.

Ainsi finit la comédie :
A son tour, le traître est puni.

CLORINDE et LODOÏSKA.

S'il nous trompa, sa perfidie

KOUAK et PISTOLÈS.

S'il les trompa, sa perfidie ;

ULYSSE.

Si je trompais, ma perfidie ;

CLORINDE, LODOÏSKA, KOUAK, PISTOLÈS.

Sur lui seul retombe aujourd'hui.

ULYSSE.

Sur moi seul retombe aujourd'hui.

ALCINDOR, au public.

Air du Baiser au porteur.

Vous le voyez, comme du temps d'Homère,
Ulysse encore est proscrit aujourd'hui,
A son malheur rien ne peut le soustraire.
Tout l'abandonne, hélas ! maîtresse, ami,
Des caravan's le temps est bien fini,
Ce nom d'Ulysse est d'un mauvais présage ;
Mais je serais plus heureux que l'ancien
Si je pouvais, à la fin du voyage,
Parmi vous trouver un soutien.

FIN.

Impr. de Mᵐᵉ ᵛᵉ Lacombe, rue d'Enghien, 12.

PIÈCES DU RÉPERTOIRE DRAMATIQUE EN VENTE.

Le Toréador, coméd. en trois actes. 50
Miss Kelly, comédie en un acte. 30
Le Cheval de Créqui, comédie. 40
Breteuil, comédie mêlée de vaudev. 30
Un Neveu, s'il vous plaît, folie-vaud. 30
La Grisette et l'Héritière, comédie. 50
La Belle Limonadière, coméd.-vau. 50
Les Avoués en vacances, vaudeville. 50
Au bout du monde, coméd.-vaud. 30
Les Trois Muletiers, mélodrame. 50
Fragoletta, comédie-vaudeville. 50
Le Lion du désert, en trois actes. 40
Ma Bête noire, vaudev. en un acte. 30
L'Amour d'un ouvrier, drame. 40
Le Bigame, drame en trois actes. 50
Le Prince d'un jour, vaudev. un acte. 30
Les Premières armes de Richelieu, comédie en trois actes. 50
La Folle de Waterloo, drame. 30
Le Marchand de Bœufs, vaudeville. 40
Un Cas de conscience, comédie. 60
Giuseppo, drame en cinq actes. 40
Les Pêcheurs du Tréport, vaudev. 30
La Maupin, comédie en un acte. 30
Le Paradis de Mahomet, vaudeville. 30
Eva, drame lyrique. 50
Paul Darbois, drame en cinq actes. 50
Suzanne, opéra en quatre actes. 50
La Première ride, vaud. en un acte. 50
Les Maquignons, vaudeville. 40
Le Grand-Duc, proverbe. 30
L'An Quarante, revue en un acte. 30
La Famille Fanferluche, vaudeville. 40
Mignonne, comédie en deux actes. 40
Je m'en moque comme de l'an 40. 30
Le Tremblement de terre de la Martinique, drame en cinq actes. 50
Les Iroquois, revue en un acte. 30
Premier début de Dazincourt. 30
L'Habit de grenadier, vaudeville. 30
Le Maître à tous, comédie. 30
Trois Épiciers, vaudeville. 50
Un Souper tête-à-tête, comédie. 30
Lawson, comédie. 50
La Cardeuse de matelas. 30
Deux Filles de l'air, puff en 2 actes. 30
L'Orangerie de Versailles, comédie. 40
Le Mari de la Fauvette, vaudeville. 30
La Fille du régiment, opéra-com. 50
Le Dernier Oncle d'Amérique, v. 30
Bianca Conterini, drame en 5 actes. 50
Le Chevalier de Saint-Georges, c. 50
Les Roueries du marquis de Lansac. 40
Le Zingaro, opéra. 50
L'Abbaye de Penmarc'h, drame. 40
Carline, opéra-comique trois actes. 50
Vision du Tasse, scène en vers. 30
Les Pages de Louis XII, comédie. 30
Attendre et Courir, vaudeville. 30

Delphine, drame-vaudeville, 2 ac. 30
Todine et Charlemagne, vaudeville 50
Le Dompteur de bêtes féroces. 40
Francesco Martinez, drame. 30
Les Parens d'une danseuse, vaudev. 30
La femme de Montmirail, pièce milit. 30
Un femme sur les bras, vaudeville. 40
L'Enfant de la Pitié, drame. 40
La Grand'Mère, comédie, trois act. 30
Sous une porte cochère, folie-vaud. 30
A la vie, à la mort, vaudeville. 30
La Mère Godichon, vaudeville. 40
Les Trois cousines, vaudeville. 30
L'Homme heureux. 40
Un jeune caissier, drame. 50
Denise, drame. 50
Mazagran, pièce militaire. 50
Un bal aux Vendanges de Bourgogne. 50
Une Femme charmante, comédie. 30
La Dame du second, vaudeville. 40
Louisette, vaudeville. 60
Une Révolution d'autrefois, tragédie. 40
La Meunière de Marly, comédie. 30
Les Enfans d'Adam et d'Eve. 50
Misère et Génie, drame. 30
Un Service d'ami, vaudeville. 50
La Perruche, opéra-comique. 50
Les Merluchons, comédie. 50
L'Élève de Presbourg, opéra-comiq. 50
L'École du monde, comédie. 40
Ango, drame en cinq actes. 30
La Marchande à la toilette, comédie 50
Zanetta, opéra-comique, en 3 actes. 40
Le nouveau Bélisaire, vaudeville. 50
Les Garçons de recette, drame. 30
L'Autre, vaudeville. 30
La Guerre de l'Indépendance, drame. 50
Jean-Bart, vaudeville. 30
Marcellin, comédie-vaudeville. 30
Iphigénie, comédie-vaudeville. 30
Jervis, drame. 50
Dinah l'égyptienne, drame. 50
Rifolard, vaudeville. 50
La Servante du curé, vaudeville. 50
Les Paveurs, vaudeville. 30
La Calomnie, comédie. 50
Cyprien le Vendu, vaudeville. 40
Les Mystère d'Udolphe, vaud. 30
L'Honneur d'une femme, dra. 50
Le Cent-Suisse, opéra-comiq. 30
La Grisette romantique, vaud. 50
Marco, comédie-vaudeville. 50
La Croix de Malte, drame. 50
La journée aux éventails, comédie. 50
Mon Gendre! vaudeville. 40
L'Opéra à la cour, opéra. 50
Japhet, comédie. 30
Bob, comédie. 30
La mort de Gilbert, drame. 30

Eudoxie, comédie. 30
Les Caprices, vaudeville. 40
Monthailly, drame. 30
La Grisette au vert, vaudeville. 40
Le Chevalier de Kerkaradec. 30
Grisette de Bordeaux, vaudeville. 30
Matelots et Matelottes, vaudeville 30
Mégani, comédie. 40
La Fille de Jacqueline, comédie. 50
L'Automate de Vaucanson, opéra-c. 30
L'Enfant prodigue, comédie-vaud. 50
Le Mari de la Reine, comédie-vaud. 30
Le Chevalier du Guet, comédie. 50
Treize à table, vaud. 40
Le Mirliton, féerie. 50
Rozita, comédie-vaudeville. 40
Toby le Sorcier, comédie-vaud. 50
Trianon, comédie. 40
La Porte secrète, drame. 50
Juliette, comédie. 40
Reine Jeanne, opéra-comique. 40
Souvenirs et regrets. 40
Flagrant délit. 30
L'Amour en commandite. 30
Brigand et Philosophe, drame. 50
Comte de Mansfeld, drame. 50
Les Guêpes, revue. 30
Ralph le bandit, mélodrame. 50
Charlot, comédie. 30
86 moins un, vaudeville. 50
Si nos femmes savaient, comédie. 50
Le Tailleur de la Cité, comédie 40
Mme de Croustignac, vaudeville. 50
Pauline, drame. 50
Montansier, vaudeville. 50
Madame Camus et sa demoiselle. 30
Les Bombé. 50
En pénitence. 50
Tyran d'une femme. 50
Maître d'école. 30
Trois lionnes. 50
Le Pendu. 40
Un second mari. 40
La Mère et l'Enfant se portent bien. 50
Le Conscrit de l'an 8. 40
Les Deux Serruriers, drame 60
Mlle Sallé, comédie. 50
Trois Étoiles. 40
Lucrèce, comédie. 50
Un grand Criminel, vaud. 50
Les Amours de Psyché, pièce fant. 50
La Mère de la Débutante, com. 40
Le Jettator, comédie. 40
Le Père Trinquefort, comédie. 30
Job et Jean, vaud. 50
Zizine, com.-vaud. 50
Les Blancs-Becs, com.-vaud. 50
Jeannic-le-Breton, drame. 50
1841 et 1941, revue. 50

Les Chevau-Légers, com. vaud. 50
Le sire de Baudricourt, com. vaud. 40
Les Maçons, tab. popu. 40
Gringalet, com. parade 50
Cédric, drame héroïque. 60
Les Mémoires du diable, vaud. 60
Mon Parrain de Pontoise, com.-v. 40
Richard-cœur-de-lion, op.-com. 50
L'Audience secrète, drame. 50
La veille de Wagram, drame. 50
Le Tambour-Major, vaud. 40
Le Nourrisson, vaud. 40
Les 2 Sœurs de charité, drame-v. 50
Fargeau le nourrisseur, com.-v. 50
Manoël le soldat, drame. 50
Ma Maîtresse et ma femme, c.-v. 40
Le Bonheur sous la main, c.-v. 40
Mystères de Paris, vaud. 50
Chasse du roi, com.-vaud. 40
Mariage au tambour, com. 60
Buses Graves, parodie. 50
Cuisines parisiennes, v. popu. 50
La perruquière de Meudon, vaud. 50
Les Nouvelles à la main, vaud 50
Trombonne du régiment. 60
Sur les Toits. 40
Voyage en Espagne. 60
Brelan de Troupiers. 50
Roquefinette. 60
Paris dans la Comète. 60
Les Comédiens Ambulans. 50
Trim, vaud. 50
Les trois Polka, vaud. 40
Fleur-de-Genet, com-vaud. 60
Le père Turlututu, com-vaud. 50
Les Sirènes, vaud. 40
Le Chevalier de Grignon, com. 60
Les Anglais en voyage. 50
La Famille Grandval, drame. 50
Le Tailleur de la place royale. 50
Les Quatre Fils Aymon. 60
Le Vampire, vaud. 40
Les Bédouines de Paris. 40
L'École d'un Fat, com. 50
La Raison propose. 50
Les Avent. de Télémaque. 50
Les deux Gentilshommes. 50
Le Roi des Goguettes. 60
L'Enfantillage, com. 50

En vente : Les 4 premiers volumes du RÉPERTOIRE DRAMATIQUE, formant la collection de l'année 1840. Ils sont ornés de portraits des principaux auteurs et acteurs. Prix : 6 fr. le volume.

PIÈCES EN VENTE DE LA MOSAÏQUE.

Une Chambrée de Savoyards. 50
L'Homme qui tue sa femme. 50
Le Garçon d'écurie. 40
La descente de la Courtille. 50
La paix ou la guerre. 40
Hassan, drame. 40
Torrino le savetier drame. 30
La Mère Saint-Martin, prologue. 30
Le Retour de Saint-Hélène, à-prop. 20
Les vieilles amours. 30
C'est ma chambre. 30
Un premier tenor. 30
Le docteur de Saint-Brice, drame. 40
Les Invalides, vaudeville. 30
L'habit fait le moine. 30
Un jeu de dominos. 30
L'Esclave. 30

Mazarin, comédie. 50
Le Lierre et l'Ormeau. 50
Dernier vœu de l'Empereur. 40
Premières et dernières amours. 50
La belle Tourneuse. 40
Le Boulevart du crime. 40
Anita la Bohémienne. 30
Le Bourreau des crânes. 30
Les Bains à quatre sous. 50
Mariette, com.-vaud. 30
Le Piège à loup. 30
Les Grisettes en Afrique. 40
Le Début de Cartouche, com.-v. 40
L'auberge de Chantilly, vaud. 30
Benoît, drame. 50
Le Lazaret, vaudeville. 30
Une Leçon d'actrice, comédie. 50

Les Noces de Jocrisse, fo. vaud. 50
Un Secret de femme, di s. vaud. 30
La peur du mal. com. 30
L'Opium et le Champagne, chinoi. 40
Le tribun de Palerme, drame. 50
Qui se ressemble se gêne, c.-v. 40
L'Écuyer tranchant, com. 50
Les deux Joseph, com.-vaud. 40
Les Comédiens et les Marionnettes. 50
Les quatre quartiers de la Lune. 40
Les fables de la Fontaine, vaud. 50
Au Vert galant, com. 50
Arlequin, pantomime. 40
Mon Rival, com.-vaud. 40
Farine et Charbon, com.-vaud. 50
Un Droit d'Ainesse, com.-vaud. 50
Un Rêve de mariée, com.-vaud. 50

Un ménage de garçon, com.-vaud. 40
L'acte Mortuaire, drame. 50
Abd-el-Kader à Paris, vaud. 40
Jean de Bourgogne, drame. 50
Eloi l'innocent, drame. 50
L'amour à l'aveuglette, vaud 40
La mère Gigogne, vaud. 40
La belle Françoise, vaud. 40
La Sainte-Catherine. 50
L'École des Fauvettes. 50
Le Roi des Goguettes. 60

ON TROUVE À LA MÊME ADRESSE :

Le Corrégidor de Pampelune. 50
Le Saut périlleux. 50
L'Étudiant marié. 50
Un Miracle de l'Amour. 50

Les Femmes et le Secret. 50
Le Zéro. 30
Les trois Femmes. 50

Chez le même éditeur, une édition de LA BIBLE, de Lemaistre de Sacy, 3 vol. in-8°, avec 60 grav. sur acier. Prix : 24 f.

Imp. de Mme DE LACOMBE, rue d'Enghien, 12.